JN023662

幸福のための
社会学

日本とデンマークの間

豊泉周治
toyoizumi shuji

発行=はるか書房　発売=星雲社

幸福のための社会学◉日本とデンマークの間

【目次】

第3章　デンマークが目指す「架橋する社会」

第1章 デンマークという幸福の国

1 世界一幸福な国？

ヒュッゲ・ブーム

このところ日本でも、デンマーク語の「ヒュッゲ」という言葉を、各種メディアや企業広告など、さまざまなところで見かけるようになった。二〇一七年に海外からやってきたヒュッゲ・ブームは、日本でも関心を集め、今も静かに広がっているようである。デンマークといえば、いまや「ヒュッゲの国」なのである。

日本でのブームは、二〇一六年に欧米でのヒュッゲ・ブームの火付け役となったイギリスのジャーナリスト、ヘレン・ラッセルの本が二〇一七年三月に翻訳出版されたことが始まりであった。邦題は、『幸せってなんだっけ？ 世界一幸福な国での「ヒュッゲ」な1年』。ロンドンからデンマークのビルンという小さな町（後出のレゴ社の本社がある）に移り住み、そこで一年間を過ごしたイギリス人女性ジャーナリスト、ラッセルの目で、「デンマーク的に暮らす」日々の生活の出来事を戸惑いと驚きをもって描写した本である。「世界一の幸福」とはどのようなものかを、デンマークの田舎町で暮らす人びとのつつましい日常生活をともに過ごしつつ、一二か月をかけてひと月ごとに発見していくストーリーである。日本でも多くの読者を獲得した。そして、この年の一〇月には、人気テレビ番組「世界一受けたい授業」に著者のラッセルが出演し、「本当に幸せになるための秘訣」を語って話題になった。さらに一一月には、同じく人気テレビ番組「世界ふしぎ発見！」でデンマークが特集され、「ヒュッゲって何？　デンマークが世界一幸せな理由」と題して、「世界一幸せな国」のヒュッゲなライフスタイルが紹介された。「世界一幸せ」の秘密を探る「ふしぎ発見！」というわけで、デンマークに関心のなかった人びとにも、ヒュッゲの国への関心を大いにかき立てることになった。

「ヒュッゲ hygge」というのは、「快適なこと、居心地のよいこと」を意味するデンマーク語で、外国語には翻訳しにくいといわれるが、多少のデンマーク通にとってはデンマーク人の生活と文化を象徴するなじみの言葉でもある。ギュルンダール社（コペンハーゲン）のデンマーク語・英語辞典では「comfort, cosiness, frendly atmosphere」という英語が充てられている。デンマーク通以外にはなじみのない言葉だったが、二〇一五年に出版されたラッセルの本をきっかけに、二〇一六年には、この言葉が英語圏を中心に世界的なブームとなったのである。「世界ふしぎ発見！」では、「トランピズム（トランプ主義）やブレグジット（イギリスのEU離脱）と並んで、昨年から世界的に流行している言葉がある。それは、デンマーク語でヒュッゲ。ヒュッゲは、逼迫する国際情勢のアンチテーゼ、もっとも幸せなライフスタイルともいわれるのですが、いったいどんなものなのでしょう」と、番組冒頭のナレーションが入った（「世界ふしぎ発見！」、二〇一七年）。実際に、これまでデンマーク社会を単独で取りあげた英語文献は学術書、一般書を含めてそれほど多くはなかったが、二〇一六〜一七年には「ヒュッゲ」をタイトルに掲げた英語文献が立て続けに出版され、その後日本でも、ラッセルの本の翻訳以降、ヒュッゲをテーマとしたたくさんの翻訳や関係書の出版が続いたのである。

ブームの直接の背景は、実際にデンマークが「世界一幸福な国」にランキングされたことである。国連のSDSN（持続可能な開発ソリューション・ネットワーク）が二〇一二年から毎年発表している『世界幸福度報告書』（以下、「国連報告書」とする）において、デンマークは二〇一二、二〇一三年と連続して一位になり、その後も一位から三位までの上位を維持している。最新の二〇二〇年の国連報告書では一位のフィンランドに続いて、デンマークは二位、三位はスイスで、北欧諸国が一貫して最上位を占めている。一方、ラッセルの故国であるイギリスは一三位、アメリカは一八位。そして日本は、二〇一二年の四四位、二〇一三年の四三位からしだいに順位を下げて、二〇二〇年は一五三か国中の六二位であった。日本においてデンマークへの関心が高まるのも不思議ではないだろう。

ところでラッセルの本も日本でのブームの取りあげ方も、基本的にライフスタイル、暮らし方の点から「世界一の幸福」に注目するものだが、そこに共通する社会的な背景を指摘することは難しいことではない。一九八〇年代以降、アメリカとともに政治経済の新自由主義化とグローバル化を主導したイギリスにおいて、そして両国に続いた日本において、それらの政策が人びとの暮らしにとってけっして「幸福」をもたらすものではないことが、二一世紀になって日々明らかになっていたからである。雇用の不安定化、格差と貧困の拡大、そして社会的連帯と寛容の衰退。それらの諸問題は、アメリカとイギリスでの問題化を追いかけるようにして、私たち日本人が一九九〇年代以降に経験してきたことでもある。「世界ふしぎ発見！」の番組冒頭のナレーションが「トランピズム」と「ブレグジット」に並べて、そのアンチテーゼとして「ヒュッゲ」という言葉の流行を紹介したことは、実に的確な導入であったことがわかる。「トランピズム」と「ブレグジット」に期待を託したのは、とりわけ新自由主義化とグローバル化のもたらした格差と貧困に苦しむ人びとであったが、そうでなくとも、新自由主義下の雇用不安と競争のストレスにさらされる多くの人びとが、「幸せってなんだっけ？」と、幸福の国の「ヒュッゲ」に関心を寄せたのである。

そうした背景の下、ラッセルが発見した「世界一幸福な」デンマーク的暮らしの「10のコツ」を紹介しておこう。①信頼する（もっと信頼する）、②「ヒュッゲ」をする、③身体を使う、④美に触れる、⑤選択肢を減らす、⑥誇りをもつ、⑦家族を大事にする、⑧すべての職業を尊敬する、⑨遊ぶ、⑩シェアする、以上の一〇項目である（ラッセル、二〇一七、三九二頁以下）。それぞれに短い補足があるが、ここではブームのヒュッゲについてだけ引用しよう。「生活の中のちょっとした喜びを思い出してみて。キャンドルを灯す、自分でコーヒーを淹れる、美味しいペストリーを食べる。ね、もう気分がよくなってきたでしょう？」と、「ヒュッゲ」についてラッセルは説明している。「世界一」への興味を募らせる読者にはあるいは拍子抜けするような「幸福」のイメージかもしれないが、他方では、競争に追い立てられるような日々の生活をふり返って、自分に欠けているものが列挙されていると納得する読者も少なくないのではないだろうか。

さしあたりここで確認しておきたいことは、ヒュッゲという言葉は、日本でのブームが往々にしてそうであるように、「キャンドルを灯して、家族や友人と心地よい時間を過ごす」といった、ちょっとオシャレなライフスタイルをただ指しているわけではないということである。それは、「信頼」から「シェア」まで、ラッセルが発見したデンマーク的な暮らしの一連の価値観のなかで成立する「幸福」の作法なのである。本書全体のテーマを先取りしていえば、そこで注目すべきことは、それらの価値観が道具的（インストラメンタル）な価値ではなく、後述するようなコンサマトリーな価値をもっぱら指向していることである。「幸福」と「コンサマトリー」との関係を、まずは指摘しておきたい。

デンマーク人の幸福度

「世界一幸福な国」といわれるデンマークだが、いったい各国の幸福度はどのようにして測定されるのだろうか。そもそも幸福というのは幸福な気分や感情であり、主観的なものであって計測不可能なものなのではないか、それを国ごとにランキングしてどれほどの意味があるのか。そうした疑問も少なくないと思う。実際に国別の幸福度調査は他にもいくつか発表されており、それぞれ調査方法も結果も大きく異なる。たとえばスイスの調査機関ＧＩＡ（ギャラップ・インターナショナル）は、「幸福と感じるか」について国別にアンケートを実施し（「とても幸福」「幸福」「どちらでもない」「不幸」「とても不幸」から選択）、「とても幸福」「幸福」の割合の合計から「不幸」「とても不幸」の割合の合計を引いた差を「幸福指標」とし、約五〇か国のランキングを発表している。二〇一七年の発表ではフィジーが一位となり、日本は一八位、デンマークは対象国ではなかったが、同じ北欧のスウェーデン（国連報告書では七位）は三二位であった。「世界一幸福な国」や各国の幸福度は、調査の目標や方法の違いによって実はさまざまなのである。だが、そのことは、国連報告書が述べているように、今日、幸福の測定が重要な意義をもつことを否定するわけではない。

では、国連報告書はどのような目標をもつ調査なのであろうか。「もっとも基本的な目標は、広く社会について経時的に幸福を測定することによって、『幸福の罠』、つまりGNPはたえず増加しているにもかかわらず、生活の満足度が停滞し低下しさえする近年のアメリカのような事態を、各国が回避できるということである」(WHR, 2012, p.7)。二〇一二年の最初の国連報告書ではこのように述べられている。「幸福の罠」とは、一定の水準以上になると所得の増加は必ずしも幸福(生活満足度)の増加につながらないという、一九七四年のR・イースターリンの論文以来、「イースターリン・パラドックス」として知られる経済学上の問題でもある。この報告書は、GNH(国民総幸福度 Gross National Happiness)を提唱してきたブータンの呼びかけで同年に開催された国連「幸福に関する高レベル会議」をきっかけに作成されたものだ。GNPやGDPを指標とする従来の公共政策の限界がとりわけ先進国に突きつけられ、さらに地球環境の差し迫る危機に対して「持続可能な開発目標(SDGs)」が掲げられるなかで、同報告書は各国の政策決定に対して「幸福と真剣に向き合うこと」を求めたのである。「人びとに幸福かどうか、自分の生活に満足しているかどうかを問うことは、社会についての重要な情報を提供する。それは内在する危機の兆候であり、隠された力の兆候でもありうる。それはまた変革の必要性を語るものでもありうる」。そのためには幸福を測定することが必要であり、近年の研究によって、幸福を客観的に測定し、評価することが可能になっていると、同報告書は述べた(ibid., p.6)。

では、国連報告書における幸福の測定方法はどのようなものなのだろうか。国連報告書の幸福度は、独自の調査ではなく、アメリカの調査会社ギャラップ社（上記のＧＩＡとは別）による世界世論調査の結果を基にしている。この調査において幸福度は、「キャントリルの階梯」と呼ばれる次の質問への回答によって測定される。「最下段の〇から最上段の一〇までの番号をふった一一段の梯子を想像してください。最上段はあなたにとって最良の生活を、最下段は最悪の生活を表現しています。現時点であなたは自分としてはどの段に立っていると感じますか」（WHR, 2018, Statistical Appendix 1, p.1）。国連報告書では、この質問への回答を「幸福」の得点（〇～一〇点）とし、各国の過去三年間、年一〇〇〇人、合計三〇〇〇人の平均値をその国の幸福度の点数とし、国別のランキングを決定している。

意外に単純な方法と感じるであろうか。あるいは、生活の満足度についての各個人の主観的な自己評価の集計なのだから、国連報告書のランキングはやはり「客観性」に欠けるのではないかと、あらためて疑問に思うであろうか。問題は、「幸福」という言葉で何が意味されているかである。国連報告書では、幸福（happiness）を「主観的な幸福 subjective well-being」と定義した上で、「感情としての幸福」と「生活の満足度という意味での幸福」との違いに注目している。日本では幸福を幸福感ととらえ、どちらかといえば前者の使い方が多いように思われるが、上記の質問から明白なように、報告書では主として後者の「生活満足度 life evaluation」を問い、自分がどのくらい「よい生活 well-being」を享受しているかについての自己評価に基づいて、ランキングを作成しているのである。生活満足度が、幸福感情とくらべて、生活環境により多く規定されていることは、たとえば所得水準を例にとれば容易にわかるであろう。生活環境は、幸福感情とくらべて、各国間でよりいっそう不均等に配分されている。「そうであれば、生活満足度の国際的な分布は、鍵となる生活環境の国際的な分布に対応すると考えられる」（WHP, 2013, p.10）。したがって、幸福の増進を目指す公共政策は、鍵となる生活環境の改善に努めねばならず、各国の政策にとって、幸福度ランキングは重要な指標となるのである。

ここで「幸福」を意味する「ウェルビーイング well-being」が、日本では「福祉」と訳される場合が多い点についても、注意が必要であろう。その場合の「福祉」の内容は、一般にもちいられる「ウェルフェア welfare」としての福祉とは異なるからである。ウェルフェアが、生存権（憲法第二五条）のように、苦境に陥った人びとに対する国による事後的な「最低限度」の保障であるのに対して、ウェルビーイングは、幸福追求権（憲法第一三条）のように、一人ひとりが求める「よい生活」の保障であり、その幸福に向けた生活環境の改善がここでの「福祉」なのである（中村、二〇〇四）。こうした概念の区別に従って、社会福祉学の分野では従来から「ウェルフェアからウェルビーイングへ」を標語として、社会福祉のあり方の転換や発展が追究されてきた（高橋、一九九四）。それは、おおむね国連報告書の目標と軌を一にし、本章第3節で述べる福祉国家の「現代化」や社会的投資の考え方に合致するものである。いいかえれば、ここでの生活満足度（幸福度）は、各国におけるウェルビーイングとしての「福祉」の水準と相即的なのである。

さて、国連報告書では、各国の生活満足度を説明するために、生活環境に関わる六つの変数（一人あたりGDP、健康寿命、社会的支援、人生選択の自由、寛容さ、腐敗の認知度）をもちいて統計的な分析が行われ、各変数の生活満足度への寄与度が数値化されている。二〇一九年の生活満足度ランキングでは一五六か国中、デンマークが七・六〇〇点で二位、日本は五・八八六点で五八位であったが、この両国の大きな差は、生活満足度の各変数のどのような違いによるものなのであろうか。六つの変数によって、この違いについて考えることができる。

細かい数値の羅列を避けて、変数別のランキングをデンマークと日本とで比較してみよう。一人あたりGDPはデンマークの一四位に対して日本は二四位、同様に健康寿命は二三位に対して二位、社会的支援は四位に対して五〇位、人生選択の自由は六位に対して六四位、寛容さは二二位に対して九二位、腐敗の認知度は三位に対して三九位である。一人あたりGDPが幸福の経済的基盤となることは容易に想像できるが、一四位のデンマークと二四位の日本との差は生活満足度への寄与度（デンマーク一・三八三、日本一・三二七）から見ても、ほんのわずかの差である。健康寿命では日本がかなり優位である。全体としてデンマークの幸福度をトップ水準に押し上げ、日本の幸福度を大きく引き下げているのは、それ以外の四変数の大きな差である（WHR, 2019, p.30）。

四変数の値は、幸福度と同様にギャラップ社の調査に基づいている。四変数に対応する質問は、「援助が必要なときにはいつでも頼れる親族や友人をもっているか否か」、「自分の人生を選択する自由に満足しているか否か」、「ここ一か月以内に慈善事業に寄付を行ったか否か」、「政府や財界に腐敗が広がっているか否か」である。それらの質問へのイエスかノーかの回答（一か〇か）の平均値によって、社会的支援、人生選択の自由、寛容さ、腐敗の認知度の水準についての国別のランキングが決まる。つまりデンマーク国民にとって、いつでも頼れる親族や友人がおり、自分の人生を選択する自由に満足しており、積極的に慈善事業に寄付し、政府や財界の腐敗がないと思えることが、高い生活満足度（幸福度）につながっているのである。ヒュッゲという言葉で語られる居心地のよい暮らしぶりがどのような生活環境や社会関係によって成り立っているのか、社会学の用語をもちいるなら、デンマーク人がどのような生活世界に生きているのかを、これらの生活満足度の分析は説明しているように思える。

前節でふれたラッセルの本では、デンマーク的な暮らしの「10のコツ」が取りあげられたが、「①信頼する（もっと信頼する）」から「⑩シェアする」まで、いずれのコツも、社会的支援、人生選択の自由、寛容さ、腐敗の少なさに裏打ちされたデンマーク人の生活満足度の、別の表現だと見てよいのではないか。一方、日本国民にとっては、それらの点での充足感が不十分であり、不安感や不満感が小さくないことが、幸福度を大きく低下させる要因となっているのである。

最小の格差と最大の信頼

世界中に広がるヒュッゲ・ブームは、ラッセルの本がそうであるように、新自由主義化とグローバル化のなかで見失われた幸福を、ライフスタイルの「デンマーク化」によって再発見し、そこに新たな幸福を追求しようとするものであった。一方、「不幸な」人びとがトランピズムやブレグジットを支持したことを考えれば、そうした幸福追求が、ラッセルその人がそうであるように、総じて新自由主義化とグローバル化のなかで優位な地位を保持する人びとにとっての関心事であるともいえよう。ところが、デンマークが「世界一幸せな国」となる最大の理由は、そのような幸不幸の格差と分裂がなく、ヒュッゲな生活が社会全般に広く保障されているからである。

国連報告書の幸福度ランキングを生活環境の面から説明する六変数は国ごとの値であり、各国内の生活環境の格差の実態はそこからは見えてこない。だが、所得格差を例にとればわかるように、所得格差による国内の生活環境の格差が大きければ、生活満足度の平均値は下がり、幸福度のランキングも下がることになるであろう。幸福度ランキングの最上位に並ぶ北欧の諸国家が格差と貧困の少ない福祉国家であることは、あらためて指摘するまでもない。二〇一九年の国連報告書では、比較可能なデータが限られるために分析にはもちいていないが、参考指標として各国の所得格差を示すジニ係数と「たいていの人は信頼できるか」を尋ねた「信頼」の変数を掲載している。社会学の用語でいえば、前者は各国社会のシステム（経済と政治）に関わる様相を、後者は生活世界に関わる様相を特徴的に示す指標となる。デンマークと日本の幸福度の差を念頭に、両国における所得格差と「信頼」の変数について見ておこう。

所得格差の指標となるジニ係数については、国連報告書の参考指標の調査年が異なるため、ここでは統計が整備されているOECDのデータ（二〇一五年）から確認すると、デンマークは三六か国中、格差の小さい順に五位（〇・二六一）、日本は二五位（〇・三三九）である。係数だけではイメージがわきにくいので、さらに最上位一〇％の所得層と最下位一〇％の所得層との所得格差（倍率）を見ると、デンマークでは二・九倍であり、同じく格差の小さい順に一位、日本は五・二倍に達し、二七位である。デンマークも所得格差と無縁ではないが、高所得層と低所得層との格差の程度は、日本とはずいぶんと異なる。そのことは両国の貧困率の差にも現れる。世帯の可処分所得の中央値を貧困ラインとし、それに達しない人びとの割合（相対的貧困率）を見ると、デンマークは〇・〇五八で、三六か国中、三番目に貧困率の小さい国であり、日本は〇・一五七で二八番目である。さらに〇歳から一七歳の子どもの相対的貧困率を見ると、デンマークは〇・〇三七で二位、日本は〇・一三九で二三位である（OECD. Stat）。

「先進国」とされるOECD加盟三六か国のなかで、デンマークは所得格差と貧困のもっとも少ない国の一つであり、日本は所得格差と貧困のかなり大きいグループに属することがわかる。国全体として見れば、デンマークと日本の一人あたりGDPの差はわずかであり、両国の幸福度の差への直接的な影響もわずかであったが、所得の国内格差が大きい日本では、そのためにさまざまな生活環境の格差が生まれ、国民の生活満足度の平均を引き下げていることが考えられる。

国連報告書のもう一つの参考指標である「信頼」の変数は、ギャラップ社の調査において、「一般的にいって、たいていの人は信頼できると思いますか、それとも人との関係には用心しなければならないと思いますか」との質問に、「信頼できる」と回答した割合である。少し古くなるが、デンマークと日本のデータがそろう二〇〇九年の調査結果では、デンマークは〇・六四〇で一〇七か国中でもっとも高く、日本は〇・三三九で一九位であった。日本もとくに低いという結果ではないが、デンマーク人の人に対する「信頼」の高さが目立つ（WHP, 2019, Online Data）。そのことが、社会的支援、人生選択の自由、寛容さ、腐敗の認知度という四つの説明変数に関する日本とデンマークとの差に影響を与えていることは、十分に予想されることである。ヘレン・ラッセルが、デンマーク的な暮らしの「10のコツ」として、まず最初に「信頼する（もっと信頼する）」を挙げていたことを、もう一度ここで確認しておこう。

2 デンマークに到達すること

政治の目標としての〈デンマーク〉

前節ではヒュッゲ・ブームを糸口として、デンマークの「世界一」の幸福度について検討した。デンマークの高い幸福度（生活満足度）を引いて、日本との差をことさらに強調しているように感じられたかもしれないが、そこで意としたことは、国連報告書も述べているように、その差の背景にある公共政策、政治の違いに目を向けることであった。問題は、デンマーク人のライフスタイルや幸福感そのものではなく、それらをもたらしたデンマークの公共政策であり、政治なのである。それは、本書だけの限られた社会学的な関心というわけではない。西欧に広がったヒュッゲ・ブームが、新自由主義政策と人びとの幸福との矛盾の拡大に起因することを述べたが、この時代にあっても高い幸福度を維持するデンマークの政治への学術的な関心は、近年の欧米の社会科学において、〈デンマーク〉を政治的発展の目標とする議論を生んでいる。「デンマークに到達すること Getting to Denmark」が、今日の政治的発展の目標であり、近代国家にとっていまだ果たされない課題だというのである。

「Getting to Denmark」。この言葉が、欧米の社会科学者たちの間で注目されるようになったきっかけは、『歴史の終わり』の著者として知られるアメリカの政治学者、フランシス・フクヤマが新たに二巻の大著、『政治的秩序の起源』（二〇一一年）と『政治的秩序と政治的衰退』（二〇一四年）を出版したことである。これらの著書においてフクヤマは、現代世界における政治の危機を前にして、政治の起源を国家以前から説き起こし、人類史的視点に立って、現代に至るまでの政治制度の発展と衰退の経緯を分析し、自由民主主義の未来に向けて問題提起を行った。その際に、この発展の到達点とされたのが〈デンマーク〉だったのである。邦訳書では「デンマーク化」「デンマークを目指して」「デンマークにいたる」など、文脈によってさまざまに訳し分けられているが、ここでは本書の一つのキーワードとして、「デンマークに到達すること」という、やや生硬な訳をもちいることにする。

周知のとおり、フクヤマは、東ヨーロッパの共産主義諸国において民主化革命の波が広がり、冷戦終結を迎えた一九八九年に論文「歴史の終わり？」を発表して注目され、ソ連崩壊後の一九九二年に大著『歴史の終わりと最後の人間』を著した。そこでは、政治的および経済的自由主義に基づく「自由民主主義（リベラル・デモクラシー）」が、二〇世紀におけるファシズムと共産主義の挑戦を退けて、ついに「人類のイデオロギー上の進歩の終点」、つまり「歴史の終わり」に到達したとする主張が展開された（フクヤマ、一九九二上、一三頁）。その主張は、冷戦に勝利したアメリカ資本主義の成功を謳歌する新自由主義（あるいは新保守主義）のイデオロギーとして引用され、フクヤマの名は世界的に知られるようになった。ただし一九九二年の著書の方でさらに追究されたのは、「歴史の終わり」として自由民主主義を生きる「最後の人間」（ニーチェ）に潜む、人間性を剝奪する深刻な自己矛盾であった。「最後の人間」とは、自由民主主義の下で「調教され、快適な自己保存のために自分の優れた価値への誇り高い信念を捨て去った」人間であるという（同、五五頁）。二〇世紀に唯一勝ち残った自由民主主義のイデオロギーは、その結果として、二一世紀には近代の平等主義をまっこうから否定したニーチェのニヒリズムに再び向き合わねばならないと、フクヤマは述べたのである。

『歴史の終わり』の出版から四半世紀を経過した今、二一世紀世界の変転を前にして、フクヤマの予言は半ば外れ、半ば当たったといえるだろう。自由民主主義の拡大に向かって世界はいっそう発展してゆくだろうとした予想は、一九九〇年代をピークにして反転の波に襲われ、いまや民主主義の先進国も「トランピズム」や「ブレグジット」のような新たな試練に見舞われ、二一世紀の世界は、民主主義の変質と衰退の危機にさらされている。一方、自由民主主義を主導してきたアメリカとイギリスにおける政治的危機の様相は、フクヤマが予言した、民主主義をその内部から蝕むニヒリズムの到来と見ることもできる。『政治的秩序の起源』は、このような政治的変化のなかで書かれた。新自由主義の擁護者と目されたフクヤマは、自身の立ち位置を見直すようにして、「民主主義の失敗は、その概念にあるのではなく、その実行の方にある」（Fukuyama, 2011, p.11）とし、自由民主主義を機能させる政治制度の要件を、それらの起源にまでさかのぼって解明しようとした。その際に、フクヤマが自由民主主義を機能させる政治制度の到達点として掲げたのが、〈デンマーク〉だったのである。

「発展した国々の人びとにとって、〈デンマーク〉は良好な政治・経済制度をもつことで知られる神話的（mythical）な国である。安定しており、民主的で、平和で、豊かで、排外的なところもなく、政治腐敗もきわめて少ない。……豊かで安定した先進国に住むほとんどの人びとは、デンマーク自身がどのようにして今あるようなデンマークに到達したのかを知らない。多くのデンマーク人にとってもそうである。」（ibid., p.14）

ならば、デンマークがどのようにして〈デンマーク〉に到達したのか、その道筋を明らかにしなければならない。フクヤマは、もはや自由民主主義を「歴史の終わり」として宣言するのではなく、〈デンマーク〉を自由民主主義の到達点として、「デンマークに到達する」ための制度的要件を、政治的秩序の起源にまでさかのぼって、世界史的視点から検討したのである。

〈デンマーク〉への道

フクヤマが〈デンマーク〉と呼ぶのは、「神話的な国」という表現にも見られるように、現存する国家としてのデンマークというよりも、有効に機能する完全な政治制度をもつ「想像上の社会」であり、現存するデンマークに仮託された政治的発展の「理念型」（マックス・ウェーバー）である。フクヤマは、そうした発展の要件として、国家、法の支配、そして説明責任のある統治機構という三つの要素を挙げ、それらの要件がバランスよく達成されることによって、自由民主主義はうまく機能するという。「国家は、権力を集中させて行使し、市民に法を順守させるとともに、他の国家と脅威から国家自身を守る。他方、法の支配と説明責任のある統治は、国家が公的で透明性のあるルールに従って権力を行使するようにさせ、国家を民意に従わせることによって、国家権力を制限するのである」（ibid., p.16）。フクヤマが自由民主主義と呼ぶのは、バランスの程度はそれぞれ異なるものの、これらの制度を併せもつ国々のことである。そして「〈デンマーク〉は、有能な国家、法の強力な支配、そして民主主義的な説明責任という三つすべての政治制度のセットを、完全なバランスにおいて備えているのである」（Fukuyama, 2014, p.25）。

『歴史の終わり』において「進歩の終点」に到達したかのように述べられた自由民主主義は、ここでは〈デンマーク〉という完全なバランスをもった政治制度に到達することを「目標」として、そしてまた現在の自由民主主義の「衰退」を回避することを課題として、未来に向けて再設定されたことになる。「こうしてデンマークに到達することは、きわめて長期にわたる目標なのである」（ibid., p.523）。フクヤマの二つの著作を概観すると、中国の古代国家の建設に近代国家の起源が求められ、西欧中世のカトリック教会に法の支配の起源が、さらにイギリスの名誉革命に被統治者への説明責任の起源が求められる。そうした政治発展の議論は、日本の高校で学ぶ世界史の記述と大きく異なるわけではない。だが、世界史を自由民主主義の誕生、その発展と衰退の歴史として描き出し、〈デンマーク〉を理念型とする自由民主主義に「未来のモデル」を再設定するフクヤマの議論は、現代の政治的な閉塞と混乱に対して、政治への希望をつなぎ止めようとするものでもある。

では、デンマークは、どのようにして〈デンマーク〉へと到達したのであろうか。フクヤマは、三つの要件をすべて備えた「最初の大国」となったイギリスの制度史の記述に続けて、デンマークについて言及し、次のように述べている。

「デンマークにおける自由民主主義の出現の物語は、他の地域では起こりえないような歴史的な事件と偶発的な状況にあふれている。デンマーク人は、イギリス人とは大きく異なる道筋を通って近代の自由民主主義へと到達したが、結局、デンマーク人とイギリス人はきわめて類似した場所に着いた。両者とも、強力な国家、法の支配、説明責任のある政府を発展させたのである。その点で、『デンマークに到達する』ためには多くの異なる道筋があると思われる。」(Fukuyama. 2011, p.434)

フクヤマは、「イギリスとは大きく異なる道筋」を通ってデンマークが〈デンマーク〉に到達し、イギリスと「きわめて類似した場所」に着いたとして、共通する自由民主主義の三要件の発展を確認している。それは、歴史の偶然性と多様性のなかにあっても、自由民主主義に格別の普遍性を見いだそうとするフクヤマの歴史観なのだが、本書で注目するのは、両国のその後の民主主義の発展における今日の異なる様相である。民主主義の混迷に陥ったかのようなイギリスと、「世界一幸福」と形容されるデンマーク社会の現在。その違いはどのような政治の違いに由来するのであろうか。本章の第1節で議論の端緒としたのは、イギリス人ジャーナリストによるヒュッゲの国の体験であった。そこでは、社会的支援、人生選択の自由、腐敗のない政治と経済について、イギリス人を驚かせるほどのデンマーク人の高い充足感が語られていた。それは、フクヤマの述べた三つの要件がバランスよく機能する、デンマークにおける自由民主主義の発展の結果といえるが、そこにはイギリスとは異なる自由民主主義の新たな視点や展開があったのではないのか。それが本書を通して、「デンマークに到達すること」として考えたいことである。

フクヤマの著書にそのような問題意識はないが、それでも民主主義の発展史における「イギリス人とは大きく異なる道筋」に注目して、簡略ながら重要な指摘がなされている。それは、政治の説明責任の基礎となる国家と社会との力関係のバランスに関連して、経済発展による富裕農の成長に依拠したイギリスの場合とは異なり、デンマークでは、一六世紀以降、ルター派の宗教改革にともなう学校建設と識字教育の推進、農民全体の教育水準の向上が民主主義に向かう社会的動員の原動力になったという点である。そしてプロイセンとの戦争に敗れ、ドイツ語圏の領土を失って小国となった一九世紀のデンマークでは、牧師であり教育者であったN・F・S・グルントヴィの思想の影響下において、農民中心の政治運動が起こり、学校（国民高等学校）の建設が進められ、民主主義の発展に貢献した。さらに二〇世紀における福祉国家の形成においても、労働者階級だけでなく、農民階級がその基盤となったのである。デンマークでは「時代の重要な分岐点における農民階級の動員は、経済成長によってではなく、宗教によって可能になった」(ibid., p.434)。民主主義のための社会的動員が、経済成長の結果としてではなく、教育水準の向上に努めた宗教の力によってもたらされるという「異なる道筋」を、フクヤマはデンマークの歴史に見たのである。

デンマルク国の話（内村鑑三）

デンマークが〈デンマーク〉に到達したこうした道筋が、今日の「世界一幸せな国」の政治にどのように関連するのか、本書を通して検討することになるが、その前に上記のイギリスとの比較に関連して、およそ一〇〇年前に「西洋の模範国」としてデンマークを日本に紹介した内村鑑三にふれておこう。内村が『デンマルク国の話』において語った、小国デンマークの敗戦からの復興の教訓である。すでによく知られていることだが、本書の意図とも通じるところがあり、上記のフクヤマの指摘ともからめて、あらためて参照しておきたい。

日露戦争から韓国併合へと日本が軍国主義の道を突き進んでいた一九一三年、内村は『デンマルク国の話――信仰と樹木とを以て国を救いし話』を刊行した。それは、韓国併合の翌年となる一九一一年に内村が主催する聖書研究会において行った講話の記録である。この小著によって内村は、一八六四年の戦争によってドイツ語圏の領土を失って小国となったデンマークが、「外に失いしところのものを内において取り返さん」として、工兵士官ダルガスの指導の下、植林によって残された領土の土地改良と農業の育成に努め、ついに一人あたりで英米をしのぐ「世界一の富」を築いたという驚きの歴史を日本に伝えた。すでに日露戦争開戦を前にして「戦争廃止論」を唱え、非戦の論陣を張っていた内村は、韓国を併合していよいよ大国主義の道を軍国主義へと突き進む日本に対して、デンマークの実例に基づいて小国主義の教訓を語ったのである。その教訓とは、第一に「国の興亡」は戦争の勝敗ではなく「民の平素の修養」によること、第二に「天然の無限的生産力」

（自然の無限の生産力）を利用すれば、富を築くには「英国のごとく」大国になる必要はなく、「デンマークで足り」ること、すなわち「外に拡がらんとするよりは内を開発すべき」であること、そして第三に「国の実力」は軍隊や金ではなく、「信仰」であること、以上の三点であった。内村はこのように述べて、「大いに軽佻浮薄のわが国今日の経世家（政治家）」に異を唱えたのである（内村、二〇一一）。

当時の日本において内村の小国主義が受け入れられることはなかったが、イギリスではなく「デンマークに到達すること」は、一〇〇年前の日本において、すでに内村が掲げた目標だったのである。そして、刊行から三〇数年後、甚大な犠牲をともなって無謀な大国主義の破綻に行き着いた敗戦後日本において、内村の『デンマルク国の話』は再び注目され、平和国家の建設と敗戦からの復興のモデルとして、日本国民に広く知られることになった。北欧政治史の吉武信彦が確認しているように、一九四六年に「後世への最大の遺物」（一八九四年の講演）と併せて岩波文庫に収録され、一九四七年には文部省著作の小学校教科書『国語　第6学年上』に「みどりの野」として掲載され、以後一九六〇年代に入るまで、『デンマルク国の話』に関連する数多くの教材が小中学校の国語教科書に登場している。「デンマークに到達すること」は、あたかも敗戦後初期の日本における教育の目標だったのである。ところが六〇年代以降になると、デンマークに関連する教材は姿を消す。高度経済成長と「経済大国」の夢を追い続けたその後の日本において、『デンマルク国の話』と内村の残した教訓はもはや無用のものとなり、再び日本人の記憶から忘れ去られることになったのである（吉武、二〇〇三）。

ところで、二〇一一年の岩波文庫の改版にあたって宗教史の鈴木範久が解説を加えているように、一九一一年の内村の講話は、アメリカの北欧学者、H・G・リーチの論文「荒地の再生。デンマークはいかにして荒野を農業国に変えたか」にほとんど依拠していたことが明らかになっている。また、北欧史の村井誠人によれば、リーチの論文以外にデンマーク事情に通じていたわけではない内村の講話には、デンマークの歴史的事実に照らして検証すると、内村の誤解や創作に基づく部分も少なくなかったという（村井、二〇一四）。だが、講話のそうした学術的な弱点は、日露戦争に反対して非戦を唱え、足尾鉱毒事件を「人類問題」として糾弾し、既存の宗派に属さない「無教会」の信仰を貫いた内村が、「デンマルク国」の復興の歴史を基にして、三つの教訓を日本に伝えたことの歴史的・思想的意義を否定するものではないだろう。平和主義、環境保全と農業の振興、そして信仰の力による国づくりはすでに内村の思想と行動に息づいていたが、内村はリーチの論文に学んで、それらをデンマークという「模範国」における国づくりの歴史の教訓として、日本の国民に語ることができたのである。内村がダルガスの言葉として伝えた「外に失いしところのものを内において取り返さん」という名言も、ダルガス自身の言葉ではなかったが（作家ホルストの一八七二年の言葉）、その言葉が、一八六四年の敗北から立ち上がったデンマークの復興の精神を象徴する言葉として、その後のデンマーク社会に生き続け、教育の現場で語り継がれてきたことは歴史的事実であった（村井、二〇一一）。

一方、「デンマークに到達すること」を政治の目標に掲げる現代民主主義の課題からすれば、一〇〇年前に内村が語った教訓は、その後の内村がキリストの「再臨」への「信仰」に傾倒したように、デンマークに到達する政治的な道筋を示すものではなかったことも確かである。先述のとおりフクヤマは、デンマークのたどったイギリスとは「異なる道筋」について、ルター派の信仰と結びついた農民層全体の教育水準の向上と社会的動員について指摘したが、この時期、内村にはグルントヴィの思想やデンマーク国民高等学校についての認識はなかったとされる（同上）。その後、内村の小著等によってデンマークが注目されるなか、大正期以降、日本においてもデンマーク型の国民高等学校が数多く設置されることになるが、その多くは国家主義のための青年教育運動に動員され、民主主義のための社会的動員に道を開くことはなかった（宇野、二〇〇三）。また、政治変革への社会的動員の観点を欠く内村の「デンマルクの話」は、敗戦後の日本においてはもっぱら敗戦からの「復興の精神」として教材化され、児童生徒に伝えられたのである。

3 社会的投資福祉国家

社会的投資の視点

述べてきたように、今日、「デンマークに到達すること」は、民主主義的な政治制度の目標と目されている。ヒュッゲ・ブームもフクヤマの新著も、新自由主義政策が支配的になった一九八〇年代以降の英米の社会において顕在化した矛盾に対して、その見直しを求めるスタンスのなかで〈デンマーク〉を掲げている点で共通していた。新自由主義下で拡大する「不幸」や政治の機能不全に対して、ヒュッゲな生活が格差なく社会に行きわたるデンマークの「幸福」は、フクヤマのいうように、まずは国家と社会との力のバランスのなかで有効に機能する政治制度の結果なのである。では、新自由主義に対して、あるいは新自由主義を超えて、その政治制度はどのような特色を有するのであろうか。フクヤマはリベラルな民主主義の理想（モデル）として〈デンマーク〉に言及しただけだが、近年、ＥＵ（欧州連合）諸国では、それを「社会的投資国家」ととらえる議論と政策が共有されつつある。本節では、ＥＵにおける近年の議論と政策の展開に基づいて、社会的投資とはどのような視点なのか、それは政治制度と民主主義のどのような発展なのかについて、検討する。

日本では「欧米」と一括して区別が意識されないことも多いが、欧州（大陸諸国）と英米（アングロ・サクソン諸国）との違いが顕著に現れる場合はもとより少なくない。一九八〇年代から欧米において全般的な新自由主義化が進んだことは間違いないが、これを強く主導した英米と、その影響下にあっても「社会的欧州」を目指してＥＵの統合を進めた欧州諸国とでは、大いに様相を異にする。ＥＵ発足前の一九九二年に、ＥＣ（欧州共同体）委員会は『連帯の欧州に向かって――社会的排除との闘いを強化し、統合を促進する』とする文書を発表し（Commission of the European Communities, 1992）、「社会的排除との闘い」は一九九三年に発足したＥＵの重要課題となった。二〇一〇年までのＥＵの政策目標を定めた二〇〇〇年のリスボン戦略では、「より多くのより良質な仕事といっそうの社会的結束とをともなう持続的な経済成長を可能とする、世界でももっとも競争力のあるダイナミックな知識基盤型経済」に到達することが目標とされた。そして、そのための三つの包括的戦略の一つとして、「知識基盤型経済への移行」、「健全な経済成長の持続」と並んで、「欧州社会モデルの現代化、人びとへの投資と社会的排除との闘い」が掲げられたのである。

フクヤマの『歴史の終わり』がアメリカの資本主義の永遠性を讃えるものとして読まれた頃、欧州諸国では拡大する貧困や失業を前にして、「社会的排除との闘い」への姿勢を強化していた。さらにEUの二一世紀戦略として、アメリカ・モデルとは異なる「欧州社会モデルの現代化」が目標となったのである。その戦略の眼目は、次のように述べられた。

「人びとこそが欧州の主たる資源であり、EUの政策の焦点であるべきである。人びとへの投資と積極的でダイナミックな福祉国家の発展は、知識経済における欧州の立脚点としても、またこの新しい経済が失業と社会的排除および貧困という現存する社会問題を悪化させることがないようにするためにも、きわめて重要である。」(European Commission, 2000)

リスボン戦略のこの時期にはまだ「社会的投資」という言葉はもちいられないが、そのための基本的な視点はすでに表明されていた。欧州モデルの「現代化」の眼目は「人びとへの投資」であり、それは「積極的でダイナミックな福祉国家の発展」と一体となって、知識経済における成長とともに社会的排除への闘いに貢献する、というのである。

ここまで欧州の視点がアメリカの新自由主義とは異なる点を強調してきたが、ここでさらに注目すべきなのは、社会的投資の視点による欧州モデルの「現代化」によって、従来とは異なる「福祉国家の発展」が意図されている点である。一般に、現代の福祉国家をめぐる議論において、かつての「消極的な」福祉国家に対して現代の「積極的な」福祉国家が対置されるが、ここでその新旧を分かつのは、社会的投資の視点なのである。それは、不測の事態（社会的リスク）に対して「備える prepare」のか、「補償する repair」のかの違いである。つまり、従来の社会保障が、たとえば失業などの事態に対する事後的な手当の「補償」であったのに対して、これからの社会保障においては、失業などの事態に事前に「備える」教育や職業訓練への投資が重要だというのである。

こうした社会的投資の視点と「福祉国家の発展」についての考え方は、近年では、より根本的なパラダイム転換への見通しとして議論されている。二〇一二年に『社会的投資福祉国家に向けて？』という編著を出版したナタリー・モレルらは、社会的投資の視点を、ケインズ主義および新自由主義を超える新たな「出現しつつあるパラダイム」として、その歴史的背景と現状の分析を行っている。

モレルら三人の編者は、冒頭の総論（「私たちの既知の福祉国家を超えて」）において、一九九〇年代後半以来、「社会的投資の視点への転回」が進んでいるとし、社会政策を「浪費的なコスト」と見る新自由主義に対して、その転回は、「新しいパラダイムの出現の兆候と見ることができるであろう」と述べている（Morel et al. 2012, p.2）。歴史をふり返れば、大恐慌の勃発から一九七〇年代後半までの「ケインズ主義の時代」には、「福祉国家の構築と拡張」は、「経済成長を促進するためのいかなる戦略においても本質的な構成要素」と見られていた。ところが一九七四年の経済危機の後、ケインズ主義からのパラダイム転換によって「新自由主義の時代」となり、「国家の役割の押し戻し」、市場や家族への「社会的責任の再配置」が求められた。市場原理と自己責任の原理が前面に立つ時代が訪れたのである。しかしその時代も、一九九〇年代後半以来の「社会的投資の視点への転回」と「福祉制度の現代化」によって、新たなパラダイム転換の局面に入り、とりわけ二〇〇八年の経済危機がこれを推し進める「引き金」になった、というのである。

「二〇〇八年に起こった深刻な経済危機は、現在のマクロ経済政策をさらに深く疑問視するために必要な引き金となり、かくして社会的投資の視点を新たな基準とするパラダイム転換への道を開いているように思われる」(ibid., p.14)。モレルらはこのように述べて、「社会的投資の視点」によるパラダイム転換への期待を表明した。そして、実際にこうした議論に呼応するかのように、二〇一三年に欧州委員会は「成長と結束のための社会的投資に向けて」と題して、社会的投資の新たな政策枠組み(「社会的投資パッケージ」)を提唱したのである。そこでは、経済危機後のリスクの拡大によって、「全体としての社会」が失業と貧困、社会的排除という社会経済的コストを生んでいるとして、社会政策の現代化を進めて「人的資本に投資すること」が重要だとされた。それは、「生産性と革新性の基礎」をすえるものだからである。福祉制度は、三つの機能によって位置づけられ、社会的投資について次のように述べられた。

「福祉制度は、社会的投資、社会的保護、そして経済の安定化という三つの機能を果たす。社会的投資は、人びとの現在と未来の能力を強化することを含んでいる。いいかえれば社会政策は、直接的な効果をもつだけでなく、雇用の見込みや労働所得に関して顕著なように、長期にわたって経済的、社会的な利益をもたらす永続的な影響力をもつのである。とくに社会的投資は、たんに結果を『補償する』のではなく、人びとが直面する人生のリスクに『備える』手助けをする。社会政策の現代化にあたっては、財政の決定において、結果に対して事前に備える方向づけを体系的に導入することが必要であり、教育から雇用／失業へ、そして病気や高齢期まで、人生のさまざまなステージにおいて社会政策が果たす役割について、体系的な取り組みが必要となる。」(European Commission, 20013, p.3)

「社会的投資パッケージ」において具体的な政策課題として挙げられているのは、人口高齢化の下での社会的保護の持続性、財政圧力下での社会政策の有効性と効率性、私的セクターと第三セクターによる公的セクターの補完、そして生涯を通じた人的資本への投資および十分な生活保障の必要性、さらに一貫した方法によるジェンダー問題への取り組みである。多くの課題が列挙されているように見えるが、そこには、社会的投資を核として、三つの機能を結合する良好な福祉制度の構想を見てとることができる。「強力な社会的投資と、保護と安定化という他の二つの機能とを結合する良好に設計された福祉制度は、より公正でより包摂的な社会のための持続的な支援を保障するとともに、社会政策の有効性と効率を増大させる」(ibid.)。二〇〇〇年のリスボン戦略において包括的な戦略目標の一つに掲げられた「人びとへの投資」は、こうして「社会的投資の視点への転回」を経て、ＥＵの推進する政策パッケージとなって新たな段階に進んだのである。

「学習経済」の理論

「社会的投資」の概念について、日本では理論や政策の動向も含めて、これまで十分に議論されてきたとはいいがたいが、見てきたように、欧州では「新自由主義を超えて」という文脈の下で、とくに二〇〇八年の金融危機以降、理論的にも政策的にも活発に議論が進んでいる。すでに社会的投資の視点は、少なくとも欧州委員会のレベルでは、社会政策の戦略的なコアの一つとして、「社会的欧州」を目指す諸々の政策を方向づけていることがわかる。そして研究者たちは、それがケインズ主義と新自由主義とを超える新たなパラダイムへの転換になるのではないか、との期待を寄せていた。さしあたり「社会的投資パッケージ」は、人生のさまざまなステージにわたる「人的資本への投資」の一連の諸政策を目指すものだが、それがパラダイム転換に通じているとすれば、社会的投資の射程はどのような理論的な広がりと理念をもっているのであろうか。ここでは、リスボン戦略を「足場」として「パラダイム転換の必要性」を説くベンクト・オーケ・ルンヴァルとエドワード・ローレンツの「学習経済」の理論に従って、社会的投資の概念の理論的射程を見ておこう。

「学習経済」というのは、一九九〇年代にＯＥＣＤによって導入された「知識基盤型経済」という概念の「対案」として、ルンヴァルが中心となって提唱した概念である。知識基盤型経済とは、「知識と情報の生産、分配、使用に直接的に基礎をおく経済」であり、「生産性と経済成長を促進するための知識と科学技術の役割」が決定的に重要性を増す経済である。したがって経済成長のためにもっとも重要なのは、「Ｒ＆Ｄ」（研究開発 Research & Development）と「イノベーション」（技術革新 Innovation）だとされる。一方、「『学習経済』の概念は、グローバル化、規制緩和、そして情報・コミュニケーション技術がさまざまな次元で変化の速度を速めるという資本主義の発展の特殊な局面に関係している。……つまり学習経済の概念は、もっとも重要な変化は知識が以前よりもずっと速く時代遅れになることだという点に、注意を喚起しているのである。そのために企業にとっては組織的な学習に取り組むことが、労働者にとっては常に新たな能力を獲得することが、必要不可欠なのである」（Lundvall and Lorenz, 2009, p.79）。ルンヴァルたちは、このように学習経済の概念を説明している。

この二つの概念の違いが、二一世紀の社会と経済における「社会的な」投資の意義を理解する鍵となる。さしあたり二つの経済の違いは、知識と科学技術への投資を強調するか、知識や技術の変化に適応する学習への投資を強調するかの違いのように思えるが、そうではない。重要なのは、「学習経済は積極的福祉国家の支援を必要とする」という点である。知識基盤型経済が知識・情報の格差によって社会の二極化をもたらすように、学習経済も学習への投資を強調するだけでは、学習資本（苅谷、二〇〇八）の格差による社会の二極化のメカニズム（「社会的結束の破壊」）をまぬがれない。そこでは積極的福祉国家の介入によって、学習能力の育成も含めて、低技能の弱い立場の人びとへの投資を進めることが「決定的に重要」となる。「学習経済の支えとなる社会的結束を破壊する二極化を回避するためには、そうした投資が必要なのである」。そして、ルンヴァルたちは、「長期的な視点で見れば、そうした社会的投資は、R＆Dや科学への投資よりも、狭義の『競争力』により貢献するであろう」と述べている（ibid., p.80-81）。

学習弱者への投資は二極化を避けるだけでなく、より成長に資する、ということの議論が、学習経済における「社会的な」投資の概念の要点なのである。続けて、ルンヴァルたちは次のように述べている。

「不平等は、学習経済において経済成長を促進しない。市民の間での社会的地位や文化、賦与された技能の大きな格差は、社会において、とくにビジネスの組織において、参加型の学習を確立することをより困難にする。したがって、学習能力が低く学習機会に恵まれない人びとのための社会的投資に焦点を当てることが、とくに必要なのである。」(ibid., p.81)

こうした主張の前提には、脱産業化の時代には、階層型の組織よりもフラットでネットワーク型の組織の方がより効率的であるとする考え方とともに、ロバート・パットナムの「社会関係資本 social capital」(「社会資本」とする文献もある) についてのルンヴァルたちの解釈がある。パットナムは、社会関係資本を「調整された諸活動を活発にすることで社会の効率性を改善できる、信頼、規範、ネットワークといった社会組織の特徴」と定義して (パットナム、二〇〇一)、その蓄積が民主主義を良好に機能させ、経済発展を可能にするとした。そして、過去三〇年の社会変化を分析して、アメリカにおいて社会関係資本が顕著に衰退していることを明らかにし、アメリカの政治的、経済的機能不全への懸念を表明したのである。ルンヴァルたちは、個人レベルの社会的ネットワークによって社会関係資本を定義するパットナムに対して、社会レベルで定義する必要性を指摘した上で、社会関係資本の概念は「学習経済の決定的な次元」をとらえているとして、独自の再定義を行っている。ルンヴァルたちの定義によれば、社会関係資本とは、「階級と家族の境界を横断する交流と相互的な学習の過程において、市民たちが進んでお互いに深く関わり合い、協力し合い、信頼し合おうとする意欲と能力」なのである（Lundvall and Lorenz, 2012, p.251）。

「信頼」という言葉は日本では道徳的な響きが強いが、ここでのそれは社会関係的な「資本」であり、組織の効率性を高め、狭義の経済的な「競争力」に貢献し、経済発展を可能にするものである。端的に、「高度な信頼のもたらすもっとも重要な効果は、高度な学習がもたらす利益なのである」。もとより、こうした主張には一定の裏づけがある。「経営者と労働者との社会的距離が小さいこと、労使が互いにパートナーとして信頼し合うことは、北欧諸国の相対的な成功の背後にある鍵となる要因である」。ルンヴァルたちは諸々の経済指標によってEU諸国を比較検討し、学習経済のモデルとして北欧を浮かび上がらせ、次のように述べている。「北欧諸国では、技術革新が徐々に進み、他の場所で生まれた知識が吸収され、迅速な適応が行われるという点で、社会関係資本と信頼は、国の諸制度を強化する根本的な資源なのである」（Lundvall and Lorenz, 2009, p.89）。

実際に北欧諸国は幸福度が顕著に高いというだけでなく、各種の経済指標においても高い水準にある。第1節で取りあげた二〇一九年の国連報告書から、北欧各国の幸福度と一人あたりGDPの順位を挙げておこう。幸福度では、一位フィンランド、二位デンマーク、三位ノルウェー、七位スウェーデンである。一人あたりGDPでは、七位ノルウェー、一三位スウェーデン、一四位デンマーク、二二位フィンランドである。日本は幸福度が五八位、一人あたりGDPは二四位であった。

「競争力」という点では、一般に参照されることの多いスイスの「ＩＭＤ世界競争力センター」のランキング（二〇二〇年）を見ると、二位デンマーク、六位スウェーデン、七位ノルウェー、一三位フィンランドであり、かつて一九九二年まで首位にあった日本は三四位にまで順位を下げている（IMD, 2020）。北欧の幸福な小国たちの高い経済競争力には目を見張るべきものがある。

知識基盤型経済の概念によれば、経済成長は知識と技術革新に基づき、研究開発に巨額の投資を期待できない北欧のような小国は、グローバルな経済競争において不利になるはずであった。ところが、上のデータからもわかるように、実際にはむしろ逆の結果が出ている。「このパラドックス」は、社会関係資本と信頼とを育む社会的投資に着目する学習経済の理論からすれば、パラドックスではなく、社会的投資がR＆Dよりもいっそう競争力に貢献する可能性の証左なのである。ここで、第1節での議論を思い起こしてほしい。デンマークの幸福度について私は、要するにデンマーク国民は、「いつでも頼れる親族や友人がおり、自分の人生を選択する自由に満足しており、積極的に慈善事業に寄付し、政府や財界の腐敗がないと思えること」によって、「世界一」の幸福感をもっていると述べた。本節の議論からふり返れば、アンケート結果から浮かび上がったデンマーク国民のそうした気分は、実は「社会関係資本と信頼」の高度な蓄積を表現していたのであり、ここではそれが幸福度だけでなく、さらにデンマークの高度な「競争力」の資源となっていることが示されたのである。そしてルンヴァル自身が述べているように、学習経済の概念は、もともと「デンマークの技術革新と産業のダイナミズムについての研究」によって触発された概念だったのである（Lundvall, 2016, p.379）。

レゴ・パラダイム?――デンマークの学習経済

社会的投資の視点、さらには学習経済の考え方が、北欧諸国の発展をモデルとして検討され、いまや新自由主義を超える新たなパラダイムの方向を示すものとして、広く注目されていることを見てきた。実際に二〇一三年に欧州委員会が提案した「社会的投資パッケージ」の冒頭には、「世界でもっとも成功した競争力のある経済の一つは、もっとも効果的な社会的保護の制度ともっとも発達した社会的パートナーシップをもつ、まさしく欧州の国々である」とする、バロッソ委員長の言葉が掲げられた(European Commission, 2013, p.2)。また同年の秋には、三〇か国の社会科学者による不平等の拡大に関する国際共同研究「GINIプロジェクト」の結果が公表され、研究成果の要約として、まず最初に次のように述べられた。「経済、雇用、社会的結束そして平等に関して最良の結果を示している国々は、共通して、人びとへの投資を行っている大きな福祉国家である。それらの国々では、人びとがアクティブであるように促し、支援するとともに、必要な場合には、人びととその子どもたちを十分に保護する」(GINI, 2013, p.4)。

こうした言及からも、社会的投資国家の理論と政策がすでに欧州において大きな潮流になっていることが、あらためて確認できるであろう。それは、第2節で見たように、フクヤマが〈デンマーク〉を近代的な政治制度のモデルとして目標に掲げた背景でもある。では、なぜ「北欧モデル」ではなく、ことさらに「デンマーク」なのか。ここでは二つの点から、その理由を述べたいと思う。

まず第一に、一九九〇年代後半以来の「福祉制度の現代化」あるいは「欧州社会モデルの現代化」において、北欧のなかでも、とくにデンマークがEU諸国の「モデル」として位置づけられてきたからである。「消極的な」福祉国家から「積極的な」福祉国家へという「現代化」にとって、雇用政策が重要な焦点となるが、その点でデンマークは「アクティベーション」と呼ばれる積極的労働市場政策を一九九〇年代半ばにいち早く導入し、「現代化」をリードしたのである。アクティベーション政策は、デンマークの手厚い失業給付を受給する条件として職業教育・訓練への参加を義務づけ、社会政策と雇用政策、教育政策との一体化を図った。当時、若者を筆頭に高い失業率に悩まされていたデンマークだが、アクティベーションの導入後に失業率は顕著に低下し、その成功は「デンマークの奇跡」と呼ばれ、しだいに他国もこの政策に追随することになったのである。さらに二〇〇〇年代には、アメリカ並みの弱い雇用保護によって労働市場の柔軟性（フレキシビリティ）を維持するとともに、手厚い社会保障と積極的労働市場政策によって生活と雇用機会の保障（セキュリティ）も確保するという、デンマークの仕組みが、「フレキシキュリティ」のモデルとして注目されるようになった。二〇〇七年には、経済発展と社会保障との両立を目指すフレキシキュリティ政策は、EUレベルにおいても重要政策として位置づけられ、リスボン戦略の政策目標を推進する指針として推奨されることになったのである。

このようにデンマークは一九九〇年代後半以降、EU諸国において「モデル」としての位置づけを高めていた。デンマークのアクティベーションやフレキシキュリティ政策に関わる諸論点の分析は本書の主題の一つであり、第3章において詳しく検討することにする。ここでは、さらにデンマークがモデルとなる第二の理由について、「レゴ・パラダイム」をめぐる議論から説明したいと思う。第一の理由が、主として西欧における福祉国家の「現代化」に関わり、これをデンマークが主導した点に求められたのに対して、第二の理由は、社会的投資ないし学習経済の革新性に関わり、その革新性がデンマークの経済社会と固有に結びついていた点に求められる。

「レゴ・パラダイム」の「レゴ」とは、もちろんデンマークの有名な玩具メーカーのレゴ社のことであり、同社を代表する製品、レゴ・ブロックのことである。冒頭でふれたヘレン・ラッセルは、夫のレゴ本社への転勤にともなって本社のあるビルンで暮らすことになったのであり、彼女の本は、あたかもレゴ・パラダイムの体験的エピソードを語ったものなのである。上述のように、EU発足後の「人びとへの投資」へと向かう政策的動向のなかで、デンマークは新たな「モデル」として注目を集めていた。そして、社会的投資の視点がすでに顕著な流れとなっていた二〇〇〇年代半ば、カナダの政治学者、ジェーン・ジェンソンとデニス・セイントマーティンは、この流れに新たなパラダイムの登場を見立て、レゴ社をシンボルとして「レゴ・パラダイム」と名づけたのである。注目された論文のタイトルは、「新たな社会の構築のための組み立てブロック――アクティブな社会のレゴ・パラダイム」である。ジェンソンたちは、この論文で、レゴ社のウェブサイト（当時）からの次の一節を引用している。

「子どもたちは私たちのロールモデルである。子どもたちは好奇心に満ち、創造的であり、想像力に富んでいる。……『手と知性を働かせる』創作、楽しみ、仲間との一体感、そしてアイデアの共有を奨励するような遊びに富んだ活動によって、生涯にわたる創造性、想像力そして学習は育まれる。好奇心に満ち、創造的であり、想像力に富む人びと、つまり子どものように探求と学習への意欲をもつ人びとは、挑戦を求められる世界において成功するための最良の備えを身につけており、私たちの共通の未来の形成者となるのである。」(Jenson and Saint-Martin, 2006, p.435)

ジェンソンたちは、この一節に現れているレゴ社の「哲学」から、新たなパラダイムの鍵となる三つの考えを特徴づけている。第一に「生涯にわたる学習に明確に焦点を合わせている」こと、第二に「未来志向的である」こと(「子どもたちは今、すでに未来を創造している」)、そして第三に「現在の活動は最終的に個人自身にとってばかりでなく、社会全体にとって有益だとされる」ことである(ibid.)。ジェンソンたちの主張によれば、社会的投資の視点の下で進行しているEUやOECD諸国の諸政策は、これら三つの特徴(三つの「組み立てブロック」)をすでに共有しており、それらの政策は従来の福祉国家制度に代わる新たなパラダイム(「新たな社会の構築」)に向かっているというのである。要するに「レゴ」の哲学は、「現在、政策集団によって福祉国家の再設計の青写真として推奨される、未来志向的な、投資中心のアクティベーション戦略の鍵となる特徴を把握するための理念型」(ibid., p.434)を体現している、というわけである。そして、福祉国家の再設計に向けたその戦略は、デンマークで生まれて世界中に広がったレゴ製品のように、すでに各国で共有され、レゴ・パラダイムに収斂し始めているというのである。

ただし、ジェンソンたちが併せて強調しているように、パラダイムの収斂は三つの特徴を共有する「政策のヴィジョン」についてのみであって、各国の政策の実施においては多くの多様性と違いがある。その点で、レゴ・パラダイムはデンマーク発の視点を強調するものではあるが、三つの特徴を教育への投資に収斂させ、各国の政策の多様性を強調することで、逆にデンマーク・モデルの「鍵となる要因」を見えにくくする議論でもある。すでに本節では、社会的投資の視点がパラダイム転換に通じるとした場合、そこにどのような理論的広がりと理念が内在しているのかを、ルンヴァルたちの学習経済の概念によって検討してきた。学習経済の概念は、もともと「デンマークの技術革新と産業のダイナミズム」(「レゴ」はその代表格であろう)によって触発された概念であり、積極的福祉国家による平等化の理念、社会的資本と信頼を育む「社会的な」投資を「決定的に重要」とするものであった。

「レゴ」は、デンマークのそうした学習経済のなかで育まれ、世界で広く受容される玩具となり、理念となったのである。ここでは社会的投資福祉国家のためのデンマーク・モデルについて、その第四の鍵として、社会的投資における学習能力・機会の平等化の視点を強調しておきたいと思う。それは、内村が大国イギリスと小国デンマークを対比したように、イギリスとデンマークとの政策的な相違点に関わり、ラッセルが驚きをもってデンマークの生活について語ったように、レゴ・パラダイムが人びとの「幸福」のパラダイムとなるための鍵なのである。

デンマーク・モデルの「現在」

本節では、デンマーク・モデルの「現在」を、社会的投資福祉国家および学習経済という視点から分析してきた。第1節からの流れを踏まえて、要点をまとめておこう。第一に、「世界一幸福な国」の秘密は、ヒュッゲな生活を楽しむ心の余裕のようなものではなく、ヒュッゲな生活を誰にでも平等に保障できる社会づくり、つまり有効に機能する政治制度であったこと。第二に、そのような政治制度、つまり「デンマークに到達すること」が目標とされる背景には、一九九〇年代後半から始まった社会政策の社会的投資の視点への転回と福祉国家の現代化の動向があり、デンマークがその先頭に立っていたこと。そして第三に、この動向にケインズ主義と新自由主義を超えるパラダイム転換を予期するとき、「レゴ」のように世界に広がる理念を生んだ、平等化の視点を重視するデンマークの学習経済（社会的投資福祉国家）のモデルに注目すべきであること。以上の三点である。

念のためにいえば、第2節のフクヤマの議論を受けて本節で検討してきたのは、〈デンマーク〉というモデルの「現在」であり、フクヤマの想定した自由民主主義の先にある政策理念の「現在」、それらに関する理論的動向である。そのために、結果として本節では、パラダイム転換に向けて先頭を走るデンマーク・モデルの「現在」をほとんど無矛盾に描いてきたと思う。もとより、実際にデンマークの現実社会に矛盾がないというわけではない。日々の社会生活であれ、現実の政治過程であれ、実際の企業活動であれ、それぞれの個々の現場では、モデルを推し進める力とこれを押し止めようとする力、さらには反転させようとする力が複雑に作用し合い、緊張をはらみ、迷走し逆行することも少なくないはずである。しかし、そうした現実の複雑さと歴史の偶然を通り抜けて、デンマークが今あるような「デンマークに到達した」ことは、そして次なる〈デンマーク〉に向かって進んでいることは、やはり大きな驚きであり、そこから学ぶべきことは多いと思う。

いまや世界中に拡大する雇用の不安定化、格差と貧困の拡大、そして社会的連帯と寛容の衰退に対して、グローバル化と新自由主義の見直しを求める大きな潮流は、ますます複雑さと緊張をはらみながらも加速していると思われる。本章では、その潮流のなかで「デンマークに到達する」ことが政治的、政策的な「目標」とされたこと、そこに注目すべき社会科学的理由があることを、論じてきた。その目標に向かって、社会的投資福祉国家へと進む歩みは、実は一五〇年前に、小国となったデンマークにおいて「外に失いしところのものを内において取り返す」として開始され、いまや欧米に広がる社会政策の新たな潮流となりつつあるのである。そしてまた、それは一〇〇年前に、内村鑑三が近代日本の国づくりへの教訓として伝えようとしたことでもあった。

[引用文献]

Commission of the European Communities (1992), Towards a Europe of Solidarity : Intensifying the fight against social exclusion, fostering integration.

European Commission (2000), Presidency Conclusions : Lisbon European Council 23 and 24 March 2000.

European Commission (2013), Towards Social Investment for Growth and Cohesion - including implementing the European Social Fund 2014-2020.

Fukuyama, F. (2011), *The Origins of Political Order*, New York.

Fukuyama, F. (2014), *Political Order and Political Decay*, New York.

GINI (2013), GINI Growing inequalities' impacts - Summary of Result, http://www.gini-research.org/

system/uploads/543/original/GINI_1-2_ResultsOutput_201309.pdf?

IMD（2020）, IMD world Competitiveness ranking 2020, https://www.imd.org/wcc/world-competitiveness-center/ 1380620989

Jenson, J. and Saint-Martin, D.（2006）, 'Building blocks for s new social architecture：the LEGO paradigm of an active society', *Policy & Politics*, vol. 34, no.3.

Lundvall, B.-Å. and Lorenz, E.（2009）, 'On the Role of Social Investment in the Learning Economy : A European Perspective', in Nathalie Morel et al.（ed.）, *What Future for Social Investment ?*, Stockholm.

Lundvall, B.-Å. and Lorenz, E.（2012）, 'Social investment in the globalising learning economy：a European perspective', in Nathalie Morel et al.（ed.）, *Towards a Social Investment Welfare State*, Bristol.

Lundvall, B.-Å.（2016）, *The learning Economy and the Economics of Hope*, London, New York.

Morel, N., Bruno, P. and Palme, J.（2012）, 'Bayond the welfare state as we know it? ', in Nathalie Morel et al.（ed.）, *Towards a Social Investment Welfare State*, Bristol.

WHR（2012）(2013)（2019）(2020）, *World Happiness Report, 2012, 2013, 2019, 2010*, https://worldhappiness.report/ed/

内村鑑三（二〇一一）、『後生への最大の遺物・デンマルク国の話』岩波文庫（原著、一九一三年）

宇野　豪（二〇〇三）、『国民高等学校運動の研究――一つの近代日本農村青年教育運動史』渓水社

苅谷剛彦（二〇〇八）、『学力と階層』朝日新聞出版

パットナム、ロバート・D（二〇〇一）、『哲学する民主主義』河田潤一訳、NTT出版（原著、一九九三年）

日立　世界ふしぎ発見！（二〇一七）、「ヒュッゲって何？　デンマークが世界一幸せな理由」、第一四五五回（二〇一七年、一一月二五日）、http://www.tbs.co.jp/f-hakken/mysteryhunter.html
フクヤマ、フランシス（一九九二上）、『歴史の終わり 上』渡部昇一訳、三笠書房（原著、一九九二年）
村井誠人（二〇一四）、「彼我を視野に据えての『ダルガス神話』成立の再考」、『北欧研究』二一巻
吉武信彦（二〇〇三）、『日本人は北欧から何を学んだか——日本–北欧政治関係史』新評論
ラッセル、ヘレン（二〇一七）、『幸せってなんだっけ？　世界一幸福な国での「ヒュッゲ」な1年』鳴海深雪訳、CCCメディアハウス（原著、二〇一五年）

第2章

日本の若者の幸福とコンサマトリーの概念

1 「暗い時代」の幸福な若者

第1章では、デンマークという「幸福の国」について考えてきた。「世界一」と形容されるデンマーク人の「幸福」の内実について、さらに「デンマークに到達すること」を政治的発展の目標とする近年の議論について検討してきたが、ひるがえって今の日本は、「幸福」という点から見て、どのような状況にあるのだろうか。

第1章で依拠した国連報告書の幸福度ランキングによれば、日本は一五〇以上の国・地域のなかで、二〇一二年の四四位から二〇二〇年の六二位へと順位を落としており、調査開始以来、低下傾向を続けている。G7と呼ばれる「主要国」のなかでは六位から大きく引き離されて最下位の七位、「先進国」とされるOECD三六か国中でも三四位と最下位グループにあり、これらの国々のなかでは、日本人の「主観的幸福度」「生活満足度」は目立って低いということになる。二〇〇〇年以降の日本の経済社会状況や東日本大震災などの災害の影響を考えれば、こうした日本人の幸福度の低い水準とその低下傾向は、おおむね納得できるようにも思える。ところが、日本国内で長年行われてきた内閣府「国民生活に関する世論調査」（以下、「内閣府調査」とする）を見ると、二〇〇〇年代に入って国民の生活満足度がしだいに上昇していることに気づく。「あなたは、全体として、現在の生活にどの程度満足していますか」との質問に、「満足している」「まあ満足している」と回答した割合の合計は、一九九五年の七二・七％をピークとして減少を続けていたが、二〇〇三年の五八・二％を底に上昇に転じ、二〇一八年には七四・七％（二〇一九年は七三・八％）にまで達している（内閣府、一九九五～二〇一九。なお、二〇二〇年調査はコロナ禍のため中止）。この二つの調査結果の違いは、どのように理解すればよいのであろうか。

二つの調査の調査方法が異なることはいうまでもない。前章で見たように、国連報告書は最良から最悪まで一一段階の生活満足度（幸福度）の自己評価であり、内閣府調査は「満足」「まあ満足」「やや不満」「不満」の四段階の自己評価を「満足」か「不満」かの二段階に集計したものである。国連報告書の一一段階評価の数値を見ると、国別ランキングと同様に、二〇一〇～一二年（二〇一三年報告書）の六・〇六四から二〇一六～一八年（二〇一九年報告書）の五・八八六へと低下傾向にある。ところで内閣府においても、二〇〇九～一一年度の「国民生活選好度調査」（内閣府、二〇〇九～二〇一二）および二〇一二～一四年の「生活の質に関する調査」（内閣府、二〇一二～二〇一四）では幸福度について、二〇一九～二〇年の「満足度・生活の質に関する調査」（内閣府、二〇一九～二〇二〇）では生活満足度について、それぞれ一一段階の調査を実施している。「とても幸せ」または「非常に満足」を一〇点、「とても不幸」または「全く満足していない」を〇点とする調査である。設問の違いはあるが、国連報告書に近い時点をとって二〇一一年と二〇一九年の調査結果を見ると、二〇一一年の六・四一から二〇一九年の五・七八へと低下しており、国連報告書と近似した数値と傾向を示している。要するにこの間、日本人の生活満足度（幸福度）は一一段階評価では下降気味に停滞しているが、「満足」か「不満」かの二段階の評価では、下降することなく上昇傾向をたどっているのである。そして、その理由は何かといえば、二段階評価における若者の、とりわけより若い世代の男性の生活満足度の上昇なのである。

二〇〇〇年代になって格差と貧困が拡大し、その波にまっ先に襲われた若者の危機が盛んに論じられたにもかかわらず、この「暗い時代」を生きる当の若者たちは、各種の意識調査において「満足」「幸せ」とする回答を顕著に増加させてきた。上記の内閣府調査によって生活満足度の長期的な変化を世代別、男女別に見ると、男性の場合（図表1）、一九八〇年代までは、現在の生活に「満足」「まあ満足」と回答した成人の割合の合計は二〇代でもっとも低く、年齢が上がるとともに上昇して、六〇代・七〇代でもっとも高くなった（右上がりのグラフ）。ところが二〇〇〇年代になると「満足」「まあ満足」と回答する二〇代（二〇一六年以降は一八〜二九歳）の割合が目立って上昇し、高齢世代よりも高くなり、今では若者世代から高齢世代へと見事なほど右下がりのグラフに変化している。一方、女性の場合も、一九八〇年代から同様の変化が見られるが、変化はずっと緩やかである（図表2）。

以上のデータから、内閣府調査における二〇〇三年以降の生活満足度の上昇傾向が、新たに社会に参入してくるより若い世代の男性のより高い生活満足度に牽引されていることは明白であろう。さらに若い中高生（男女）を対象としたNHK放送文化研究所の調査（NHK放送文化研究所、二〇一三）では、「あなたは今、幸せだと思っていますか」との質問に対して、「とても幸せ」「まあ幸せ」の割合は九〇数%に達する。おおむね一〇年ごとの調査だが、とりわけ二〇〇二年から二〇一二年の一〇年間で「とても幸せ」が、中学生では四一・四%から五四・七%へ、高校生では三三・

図表1　生活満足度（男性）

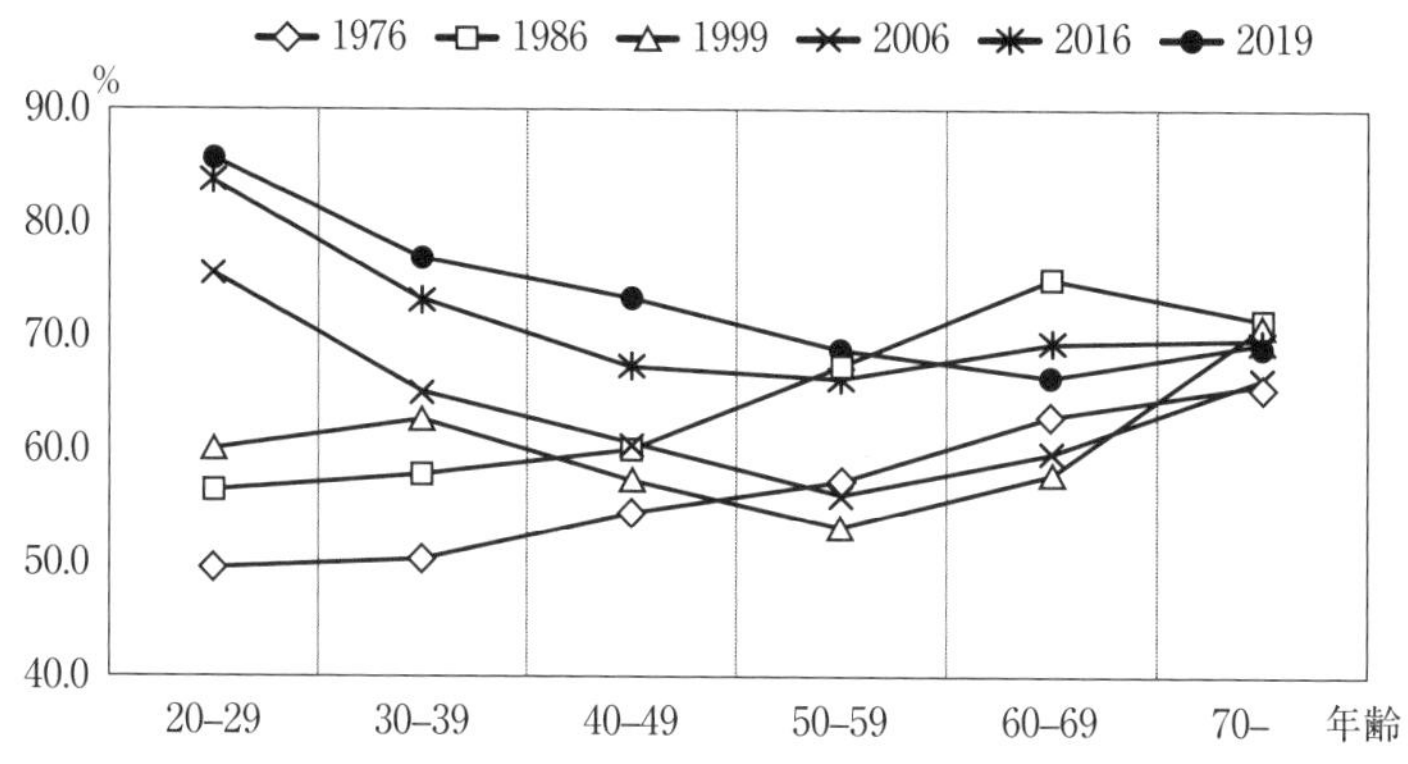

出所：内閣府「国民生活に関する世論調査」より作成

図表2　生活満足度（女性）

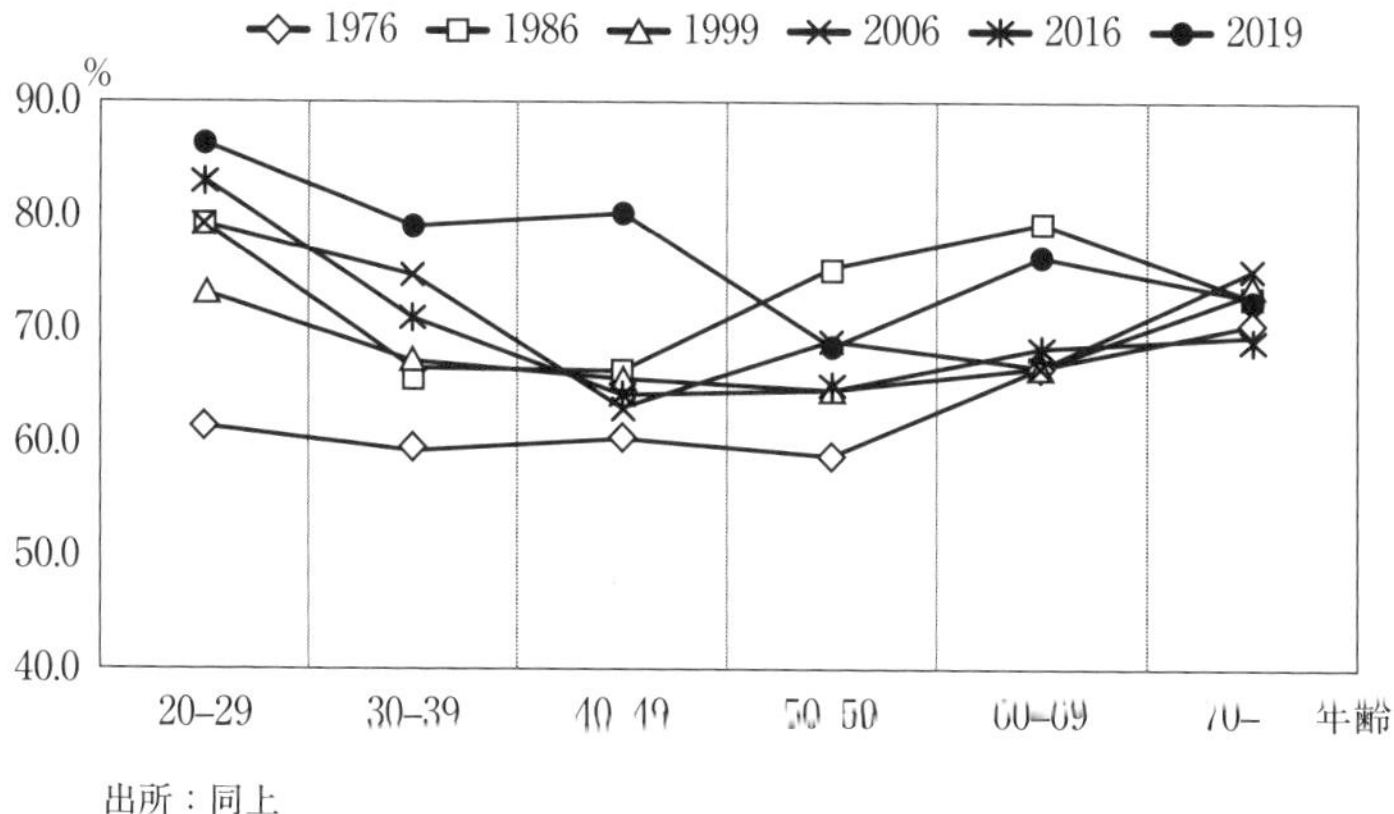

出所：同上

図表3　「とても幸せ」の割合（中・高校生）

	1982	1987	1992	2002	2012
中学生	36.3	38.7	37.4	41.4	54.7
高校生	23.8	25.1	31.6	33.2	41.7

出所：NHK 放送文化研究所，2013

二％から四一・七％へと顕著に増加した（図表3）。多くの学者たちが指摘する「暗い時代」を生きるはずの若者は、なぜ現在の生活に満足し、幸福を感じるのか、そしてこの変化はなぜ男性においてより顕著なのであろうか。

私はかつて「幸福の現在主義」としてこの問題に注目し、「コンサマトリー化」という社会学の概念をもちいて、生活満足度を大きく上昇させた近年の若者の意識の現実とその意味を探った（豊泉、二〇一〇）。その後、社会学者の間で議論が広がり、古市憲寿の『絶望の国の幸福な若者たち』（古市、二〇一一）が出て、「幸福な若者」は新たな若者論のトレンドになった。大澤真幸は、コンサマトリー化の議論を誤りではないがミスリーディングであるとし、より幸福な未来を想定できない「不可能性の時代」であるからこそ、若者はあえて現在を「幸福」だとして肯定すると論じた（大澤、二〇一一）。古市は、現在の若者にとって「仲間」の親密圏の重要性が高まっているとして、親密圏の充足感こそが「絶望の時代」を生きる若者の「幸福」の本質であるとした。共通するのは、若者にとって社会の未来に希望はないということ。だからこそ若者は現在の生活を幸福であるとし、あるいは親密圏の今を幸福に生きられる、というのである。

私の考えでは、いずれの議論も若者の幸福感の表層的な解釈にとどまっ

図表4　自分自身と社会への満足度

私は自分自身に満足している		あなたは自国の社会に満足していますか	
そう思う	10.4	満足	5.3
どちらかといえばそう思う	34.7	どちらかといえば満足	33.5
どちらかといえばそう思わない	30.8	どちらかといえば不満	35.5
そう思わない	24.2	不満	14.8
		わからない	17.1

出所：内閣府，2018

ており、自分自身や社会への不満、「生きづらさ」を抱えた若者の複雑な意識の現実が、両者の議論において的確にとらえられているとは思えない。一三歳から二九歳までを対象とした二〇一八年の内閣府の調査（「我が国と諸外国の若者の意識に関する調査」）によれば、「自分自身に満足している」という項目について、「そう思う」「どちらかといえばそう思う」若者の割合は四五・一％、「自国の社会」に「満足」「どちらかといえば満足」の割合も三八・八％にとどまる（図表4）。現在の生活に「満足」「まあ満足」と答える若者たちの少なくとも過半数は、自分自身にも自国の社会にも満足することのできない、「生きづらさ」を抱えた若者たちなのである。だが、この「暗い時代」は、若者自身にとって「不可能性の時代」でも「絶望の時代」でもない。「暗い時代」という言葉については後にあらためて述べるが、私が提起したのは、自分にも社会にも満足できない「暗い時代」を、時にはみずから灯りをともすようにして生きぬく若者の、価値転換としてのコンサマトリー化であった。見なければならないのは、コンサマトリー化する若者の意識と現実にどのような葛藤があり、格闘があり、希望があるか、である。そのためには、これまで日本でほとんど論究されなかった「コンサマトリー」という概念を、その根本に立ち返って再検討することから始めなければならない。

2 コンサマトリー化の病理?

「産業社会の病理」あるいは「まじめの崩壊」

「コンサマトリー consummatory」という言葉は、日本では一部の社会学者や知識人以外にはなじみのない言葉である。「成就的」「自己充足的」などと訳されることもあるが、近年では「コンサマトリー」とそのままカタカナ書きされる場合が多い。これまで主として保守派の知識人によって取りあげられ、いっけん享楽的に見える若者の行動を批判的に論じる文脈でもちいられてきた。その理論的系譜は、オイルショック後の一九七五年に経済学者の村上泰亮が『産業社会の病理』を著して、先進産業社会をその内部から掘り崩しかねない「コンサマトリー化」の病理を指摘したことに始まる。

村上によれば、「一定の目的のために最善の結果を生むような手段」に最終的関心を払う行動が「手段的合理主義 instrumental rationalism」であり、その行動を導く「手段的(インストラメンタル）な価値」に対して、その対極に置かれたのが、「行動それ自体の価値のみを考え、その生むはずの結果を全く考慮しない行動」を導く「コンサマトリーな価値」であった。資本主義型産業社会の発展は、マックス・ウェーバーがプロテスタンティズムの倫理を引いて解明したように、手段的な価値によって牽引されてきた。ところが、豊かな先進産業社会において、人びとが「手段的な価値の極からコンサマトリーな価値の極の方向にひきつけられていく」という、「変質のプロセス」（コンサマトリー化）が始まったというのである（村上、一九七五、八五〜八七頁）。村上は、豊かな産業社会をその内部から自己崩壊させかねないこの傾向を「慢性の病」ととらえ、コンサマトリーな価値との緊張関係の下で、産業化と手段的合理性をいかにして維持するかという、政治・経済・文化的な課題を提起したのである。

村上の議論は、石油ショックによって日本の高度経済成長の終焉が訪れた時期において、後述するT・パーソンズの社会システム論を踏襲しながら、しかしずっと悲観的な、かつ倫理主義的なトーンで主張された。コンサマトリー化する「大衆の一人一人」に向けて、「コンサマトリーな要求と、手段合理的な必要との両者を認識し、その間の分裂に耐えるだけの強さを持たなければならない」と訴えたのである（同書、一七三頁）。コンサマトリー化を危惧する村上のこうした主張は、その後の日本におけるコンサマトリー概念の受容の基調となった。

村上の著作の一五年後、高度経済成長後に訪れたバブル経済の時代が終わろうとするとき（一九九一年）、青少年研究者の千石保は『「まじめ」の崩壊』を著し、再びコンサマトリー化の概念をもちいて、当時の若者の価値観や態度の変容に対して苦言を呈した。千石は、自身が主催する日本青少年研究所の意識調査を通じて、かつて「新人類」と呼ばれた一九八〇年代の「ノリ」のいい若者たちのコンサマトリー化に迫った。「何かの目的のためのインストラメンタルを拒否し、そのときそのときを楽しく生きようとする。それがコンサマトリーである。やがて、このコンサマトリー自体が日本を風靡するコンセプトになるに違いないだろう」(千石、一九九一、四頁)。千石はこう述べて、村上と同様に日本社会の「内部からの崩壊」に警鐘を鳴らし、コンサマトリー感覚で働く若者の「仕事倫理の崩壊」を憂え、「荒れる学校」や「いじめ」に対して「道徳を死守せよ」、「『まじめ』を失ってはならない」と断じたのである。

千石の議論は、日本における資本主義型産業社会のバブル崩壊が迫るなかで、若者のコンサマトリー化を「まじめの崩壊」といいかえて人びとの関心を集めた。目指すところは、「まじめ」とコンサマトリー化という「分裂した価値を一つの人格に統一する」という「教育の目標」であり(同書、二二六頁)、「道徳」の復権であった。ただし、千石の議論のその後の展開は必ずしも一方的な若者批判ではなく、むしろ若者の新しいあり方に期待を寄せるものでもあった。とくに一九九七年の『「モラル」の復権』では、「好きなことで輝く」若者たちに注目し、その存在に「好きなこと」や「楽しみ」に基づく「新しいモラル」の可能性を見いだし、これを許さない、「自己犠牲」を強いる日本社会のシステムの未熟さを指摘していた(千石、一九九七)。その議論には本書の主張にも通じる面があったが、結果として「新しいモラル」の方は注目されず、「まじめの崩壊」論が基調となり、若者のコンサマトリー化と「ノン・モラル」を批判する、その後のおびただしい若者批判へと道を開くことになった。一九九〇年代半ば以降、バブル崩壊後の社会の閉塞感のなかで、若者の凶悪な犯罪や学校内外での「問題行動」がセンセーショナルに取りあげられ、「心の闇」や「規範意識の低下」「働く意欲のなさ」など、総じて「ノン・モラル」が若者問題の焦点にすえられたのである（豊泉、二〇一〇）。そして、実際にこうした問題理解に基づいて、「心の教育」から「規範意識の育成」そして「道徳教育の教科化」へと、今日まで続く一連の教育政策が推し進められ、二〇〇六年の教育基本法改正においては、徳目を列記した「教育の目標」が定められた。

日本社会とコンサマトリーの概念との出会いは、おおよそ以上のようなものであった。村上や当初の千石の議論は、日本の資本主義型産業社会の長期にわたる閉塞が決定的となる以前の議論であり、豊かな産業社会の内部に出現するコンサマトリーな価値への危機感を表明し、産業社会の手段的価値との緊張関係のなかでこれを制御することを提案するものであった。さらに後の千石の議論では、コンサマトリー化する若者への新たな期待も表明されていた。ところが、その後の「暗い時代」において、二人の議論に保持されていた産業社会の手段的な価値とコンサマトリーな価値との緊張関係は忘れられ、コンサマトリー化はもっぱら「まじめ」や「道徳」を喪失した困った若者たちの「病理」を指す言葉となった。本書で追究するコンサマトリー概念の本来の内容からすれば、それはいかにも一面的な、短絡的な理解に終わったといわざるをえない。ところが、その後二〇一〇年代になると「幸福な若者たち」が注目されるようになり、「幸福」との関係がコンサマトリー概念の新たな中心問題として浮上したのである。この新たな問題は、コンサマトリー化に関わる従来のもっぱら否定的な理解の見直しを迫るだけでなく、コンサマトリーという概念を、その根本にまでさかのぼって問い直すことを必要とするのである。

パーソンズの社会システム論

すでに述べたように、日本の社会科学にコンサマトリーの概念を導入した村上の議論は、T・パーソンズの社会システム論に依拠しつつ、より悲観的に、より倫理主義的に展開された。そして村上のコンサマトリー化論は、千石の「まじめの崩壊」論を経て、もっぱら否定的な概念として、その後の日本の若者論へと流れ込むことになった。だが、村上が依拠したパーソンズ自身の議論に立ち返ってみると、コンサマトリー化をめぐる日本での議論とは大きく異なり、「コンサマトリー」は「道具的（手段的、インストラメンタル）」との対概念として、パーソンズの社会システム論の枠組みを決定する根本概念であることがわかる。パーソンズの理論形成をふり返ると、コンサマトリーの概念が導入されたのは、パーソンズの社会システム論がＡＧＩＬ図式と呼ばれる四機能図式へと展開される一九五〇年代のことである。いくつかの過渡的検討を経て、一九五〇年代の末、四機能図式は、「道具的―コンサマトリー」、「外的―内的」という二つの軸を交差させて導出されることになった（溝部、一九七九）。すなわち、あらゆるシステムは行為システムであり、Ａ（適応 Adaptation）、Ｇ（目標達成 Goal-Atteinment）、Ｉ（統合 Integration）、Ｌ（潜在的パターン維持 Latent Pattern-Maintenance）の四機能からなる。それらの四機能は、欲求の充足を指向するのか（コンサマトリーな関心）、目標を達成するための手段を指向するのか（道具的な関心）、そして外的環境に働きかけるのか、内的環境に働きかけるのか、という二つの軸を十字に交差させて生まれる四つの象限に位置づけられたのである（図表５）。

図表5　AGIL 図式

	手段的（インストラメンタル）	成就的（コンサマトリー）
外的	適応機能 （A：Adaptation）	目標達成機能 （G：Goal-Atteinment）
内的	パターン維持と緊張処理機能 （L：Latent Pattern-Maintenance）	統合機能 （I：Integration）

出所：溝部，1979，括弧内は豊泉が補足

では、パーソンズは、なぜこの時期に「道具的－コンサマトリー」という対概念を導入したのであろうか、また四機能からなる社会システム論によって、いったい何を解決しようとしたのであろうか。その点については、内部指向型から他人指向型へというD・リースマンの主張を批判したパーソンズの議論（『社会構造とパーソナリティ』に収録された一九六一年の論文）から考察することができるであろう。

パーソンズ自身がみずから「文化決定論」と称したように、パーソンズの社会システム論は、端的にいえば、文化的価値の共有（共通価値）によって社会の統合が実現されるという観点から、社会システムの機能分析を追究した理論である。では、その場合の「共通価値」とは何か。パーソンズ社会学のモデルとなったアメリカ社会の発展の基礎にパーソンズが見いだしたのは、「道具的活動主義 instrumental activism」と呼ばれる価値システムであった。たんに「価値」ではなく、「価値システム」であることに留意したい。この価値システムについて、パーソンズはコンサマトリーの概念にも言及して、次のように説明している。少し長いが引用しよう。

「アメリカの価値システムは、システムとしての社会のもつ道具的

活動主義（instrumental activism）という志向を表現するものである。われわれがもちいる『道具的』という用語は、『成就的 consummatory』という用語に対置されるものである。社会は『それ自体が目標』であるのではなく、むしろある意味で社会の外部の、あるいは社会を超越する諸目標を達成する手段として把握されている。文化的遺産に照らしていうならば、これらの目標は宗教的用語によって規定されてきたものである。そのもっとも重要な観念は、人間は――自分の属する社会組織をも含めて――神の意志の実現のための道具として存在するというものである。……ここで本質的に重要な問題は、個人にとってのよき生活の内容はどのようなものかという点である。それはある意味で『自己―満足』的なものなのか、それとも逆に純粋に『私的な』欲求や興味を『超えた、そしてその上位に立つ』価値や目標に向かって献身することなのであろうか。」（パーソンズ、一九七三、二六二頁）

後半の「本質的に重要な問題」への答えは、すでに前半の引用に織りこみ済みである。パーソンズによれば、「アメリカ社会の価値は、システムの単位、とくに個人を道具的な位置におくのである。そして個人の目標は自己満足的なもの、すなわち自分の私的な欲望の最大限の満足であってはならず、よき社会のためになるような業績をなすことでなければならない」、というわけである。道具的活動主義における「活動主義」とは、「よき社会の建設」「地上に神の王国を築き上げる」という道徳的使命に従って、個人は業績の達成に邁進すべきとする指向である。したがってアメリカにおける個人主義は、個人の欲望に基づく功利主義的なものではなく、そうした使命に基づく「道具的個人主義」ないしは「制度化された個人主義」だというのである（同書、二六二〜二六三頁）。

パーソンズは、このようにアメリカ社会の価値システムについて説明していた。一九五〇年代、六〇年代の西欧社会学において一世を風靡したパーソンズ社会学だが、今ふり返ると、それはアメリカ人の共有する価値システムによって「神の王国」のように「よき社会」がこの地に建設されうるとする、あたかも信仰告白のように読める。そして、ここで注目すべきことは、この議論においてパーソンズが対決したのがコンサマトリーの概念であり、リースマンの他人指向型の議論であったということである。パーソンズは「制度化された個人主義」の説明に続けて、次のように述べている。

「自らの義務の遂行はかなりの程度まで個人の自由裁量に委ねられているが、その義務を規定する規範的秩序は制度化されているのであって個人の自由に委ねられているのではない。われわれはこのような方向においてこそ、アメリカ社会の発展のごく最近の諸局面における秩序の構成要素を明らかにしていかなければならないと思うのであるが、リースマンはこの点を看過しているように思われる。」（同書、二六四頁）

内部指向型から他人指向型へ

周知のようにリースマンは、一九五〇年の著作『孤独な群衆』において、二〇世紀半ばは、アメリカでは「内部指向型」から「他人指向型」の社会への転換が進行し、近代の産業発展を推し進めた内部指向型の人間、つまり内面化された目標に従って個人の人生を切り開く性格類型はすでに衰退しつつあると主張した。リースマンによれば、「第一の革命」とされるルネッサンスと宗教改革以降の西欧社会において、産業化と経済発展そして「人口爆発」の時代が訪れ、人びとの「社会的性格」は伝統指向から内部指向へと変化した。内部指向型の人間は、「星に願いを ad astra per aspera」という格言によって象徴される。「星ははるか彼方に輝いている。しかし、それを眺めている人間はそれに向かって自分の全生涯をかけて働き続ける」（リースマン、一九六四、一〇三頁）。そうした「仕事熱心」な内部指向型に対して、「人口爆発」の後の「初期的人口減退」の時代、つまり少子化の時代を生きる「人間熱心」な他人指向型の人間は、仲間集団との関係に依存し、同時代人の「銀河の真っただ中で生活する」。産業化に向けて心のなかに埋め込まれた「ジャイロスコープ（羅針盤）」に従って一心に「針路」を目指す内部指向型とは異なり、他人指向型の人間は「レーダー」のように「他者からの信号」にたえず細心の注意を払い、仲間集団との同調に努め、そこに不安と喜びを見いだす。

リースマンはこうした社会的性格の変化を、人口統計学における人口増加の「S字型カーブ」で示される三つの段階、つまり人口の停滞する「潜在的」局面から「人口爆発」へ、そして「初期的人口減退」へという変化に重ねて、人口爆発期を終えたアメリカにおける「第二の革命」の訪れを論じた。「世界のもっとも先進的な国ぐに、とりわけアメリカでは、この第一の革命は終わりを告げ、もう一つの新しい種類の革命が登場してきた」というのである。「すなわち、生産の時代から消費の時代への転換とむすびあって出現した、全体的な社会の諸変化がそれである」（同書、五頁）。

リースマンのいう内部指向型がパーソンズの道具的活動主義に照応することは明らかであろう。他人指向型の方は、さしあたりコンサマトリーな指向に対応すると見てよいであろう。つまりリースマンは、一九五〇年の時点で、パーソンズの社会システム論の根幹をなす道具的活動主義の価値システムに代わる「第二の革命」が始まっていると述べて、まだ形成途上にあったパーソンズの社会システム論の失効を予言したことになる。それに対してパーソンズは、一九五〇年代末に「道具的‐コンサマトリー」の対概念を社会システム論の基軸にすえて、四機能図式を完成させた。そして、消費的世界において仲間集団への同調を指向する他人指向型の出現（コンサマトリー化）を承認しつつも、それは道具的活動主義の下で進行する社会の発展と構造分化にともなう現象であって、道具的活動主義と補完的であるとして、リースマンを批判したのである。

たとえば、「仲間とうまくやってゆく能力」はたんに自己満足的なものではなく、今日の産業化のもとでは、業績の達成（活動主義）にとってますます不可欠になっている。しかも、青年期の仲間集団もけっして単一なわけではなく、その後の職業的分岐に応じるように分化している。「人とうまくやってゆく能力」が職業達成の要件となる現代において、仲間集団も、将来の職業を見越して分化し、将来に向けて重要な職業的社会化の機能を果たしているというのである。「リースマンはこの点を看過している」。つまりパーソンズは、リースマンが見いだした他人指向型の趨勢、あるいはコンサマトリー化に対して、そうした変化を取り込んで発展するアメリカ社会の構造分化を強調するとともに、その基盤にある道具的活動主義の価値システムに基づく自身の社会システム論の優位性を主張したのである（パーソンズ、一九七三、二九〇頁以下）。

この議論からすれば、パーソンズの社会システム論は、一九五〇年代のアメリカの「豊かな社会」を前にして、コンサマトリー化の趨勢を受けとめつつ、依然として道具的活動主義による産業主義的な社会統合の理想が維持されていることを、機能主義的に定式化したものと見ることができる。その理想は一九六〇年代の日本においても、高度経済成長期による社会統合の夢へと受け継がれた。だが、アメリカであれ日本であれ、今日までそのような理想と夢（「よき社会」「神の王国」の建設）が実現されることはなく、人びとに幸福をもたらさなかったことは、すでに第1章で確認してきたことでもある。逆に国連の幸福度調査ではアメリカが名指しされ、「幸福の罠」について述べられた。「GNPはたえず増加しているにもかかわらず、生活の満足度が停滞し低下しさえする近年のアメリカのような事態」が、今日の幸福への社会科学的関心を生んでいるのである（WHR. 2012, p.7）。学説史的にいえば、一九六〇年代後半の学生たちの抵抗運動と一九七〇年代前半の石油ショックの後の混乱を受けて、統合の理論としてのパーソンズ社会学に対する理論的関心は一九七〇年代後半にはほぼ消え失せた。そして、一九八〇年代からの新自由主義の時代を経て、いまやいずれの国においても、統合よりも分断の進行が顕著である。

では、リースマンが述べた他人指向型への転換あるいは「第二の革命」が、パーソンズのいう道具的活動主義の価値に回収されないとするならば、そこにはどのような「革命」が見込まれるのであろうか。いいかえれば、「コンサマトリー」な指向が「道具的（インストラメンタル）」な指向を補完するものにとどまらないとすれば、今日の産業社会の発展にとって、そこにはどのような可能性が求められるのであろうか。

一般に『孤独な群衆』における内部指向型から他人指向型へというリースマンの議論は、パーソンズによる批判も含めて、また日本での受容の仕方も含めて、多くの場合もっぱら否定的な転換として、自律性を失った「孤独な」大衆の病理であるかのように誤読されてきた。これに対して、リースマンが希望を託したのは「他人指向型社会での自律性」であった。リースマンが一九六一年版の序文で述べているように、「『孤独な群衆』の読者の間には内部指向型と自律性を同じものだというふうに読み取る傾向があった。他人指向型のもっているさまざまな価値、すなわちその開放性だの、抑圧がないことだの、他人に対する関心だの、変化につねに対応できる性質だのをあたたかく迎え入れてくれたのは、ごく少数の読者であるにすぎなかった」(リースマン、一九六四、ix頁)。ところが、リースマン自身もまた「第二の革命」に言及しつつも、自律性を獲得する困難さを指摘するばかりで、「他人指向型のもつこれらの価値を充分に強調してはいない」ことを認めている。「自律性とユートピア」と題された最終第十六章の内容はいかにも漠然とした主張にとどまった。

リースマンは同章の最後の部分で、「ユートピア的な政治思考方法」が社会の表面から隠されて存在し続けている可能性を指摘して、「ことによると民衆は個人的生活の中に残されたものの中から、新しい批判的で創造的な基準を作り上げようとしているのかもしれない」と述べている(リースマン、同書、二八四頁)。他人指向型社会における人びとの自律性とは何か。それは、リースマン自身が未解決のまま、アメリカ社会の未来とその民衆に投げかけた問題だったのである。

3 コンサマトリーの概念——パーソンズからデューイへ

〈道具的／コンサマトリーな経験〉

リースマンの他人指向型への転換の主張は、「見えざる手」から「よろこびの手」へという言葉で象徴されるように、生産から消費へと重心を移す時代のなかで、パーソンズとは異なる人生への視点を提示していた。「仕事熱心」な内部指向型の道具的な人生は、市場の「見えざる手」に支配されて人間的要素に無頓着だったが、「人間熱心 people-minded」な他人指向型のコンサマトリーな人生は、仕事も楽しみも「人びと」との人間的な関係（「よろこびの手」）として追求するのである。ところで、すでに述べたように、日本では一九九〇年代半ば以降、四半世紀にもわたって経済成長が停滞し、格差や貧困が拡大したにもかかわらず、この間に日本の若者の生活満足度は大きく上昇した。その理由を検討して古市が、「仲間がいれば無敵だ」と「人間熱心」な若者の増加に注目したことは（古市、二〇一一、一〇七頁）、このリースマンの主張が今も看過できない理由の一つである。だが、当の若者たち自身も含めて、この間に日本で「よろこび」にあふれた「よき社会の建設」が進んだと考える者は、ほとんどいないはずである。日本の「幸福な若者」と困難な現実とのこのちぐはぐな関係は、かつてリースマンが未解決のままアメリカ社会の未来に投げかけた問題に重なるであろう。

ここで問題を理解し、未来に向けて解きほぐすためには、パーソンズの主張とは対照的な、しかしリースマン自身はほとんど論究しなかった他人指向型のコンサマトリーな指向について、いっそう原理的なレベルからの考察が必要になる。そこで本書において参照したいのは、パーソンズに先立って、「道具的」「コンサマトリー」の対概念をもちいて人間の経験を追究した哲学者、J・デューイの思想である。デューイは、道具的とコンサマトリーとを対立させたパーソンズとは異なり、「コミュニケーションは道具的であるとともにコンサマトリーである」として、人間の経験を両側面の不可分性においてとらえ、そのことを自身の思想の核心にすえていたからである。デューイのそうした経験のとらえ方を、ここでは〈道具的／コンサマトリーな経験〉と表記することにする。

私の知るかぎりでは、これまで日本で論じられたことのないデューイ研究の論点であり、煩雑ながらデューイの原著から逐次引用して、検討を進める。まずは、『経験と自然』（一九二五年）において、デューイが次のように述べていたことに注目したい。

「断絶と両立不可能性が、個人の生活においても集合的文化においても生じている。近代科学、近代の産業と政治は巨大な量の物質をわれわれにもたらしたが、それは西欧世界のもっとも賞賛されるべき知的、道徳的遺産とは異質のものであり、しばしば矛盾するものである。このことが、われわれの近代的な知的困惑と混乱の原因なのである。」（Dewey, 1925, p.4）

ここには、近代社会の生活と文化における人間の経験の分裂と袋小路を追究するデューイ哲学の根幹がよく示されている。デューイがこの本で追究したのは、近代の哲学が経験を「超越」し、人間の「日常の経験」の可能性を体系的に無視してきたために、経験の道具的な局面とコンサマトリーな局面とを乖離させ、自然と経験、物質と精神といった二元論の袋小路に陥ってきた、ということである。対比される「西欧世界のもっとも賞賛されるべき知的、道徳的遺産」とは、古代ギリシャの思想を指している。パーソンズが人間の経験を産業主義の道具的な価値によって統合しようとしたのに対して、デューイは、芸術における美的な経験に基づく、コンサマトリーな価値による人間の経験の統合の表現を古代ギリシャの知的、道徳的遺産に見いだし、近代の分裂を照射したのである。

デューイによれば、人間の経験の「もっともきわだった特徴の一つ」は「直接的な楽しみへの没頭」なのだが、近代の思想はそうした人間の経験の特徴には注意を向けなかった。快楽計算によって幸福を追究した功利主義者でさえ、「人間が野の百合のように喜びで着飾っているのを見なかった」。「功利主義者にとって、幸福とは計算と努力の問題であり、数学的な簿記によって指導された勤勉の問題であった。しかしながら、人間の歴史は、人間が楽しみを巧みに、しかもできるかぎり身近なところで取りあげていることを示している。……身体は衣装をまとう前に装われている」(ibid., p.69)。デューイによれば、そうした人間の経験は広く「美的なもの」と呼ばれ、それ自体が目的であり、自己充足的なコンサマトリーな経験の局面である。ここでは、この広義の美的な経験・対象を「アート」と訳しておく。「要するに、人間経験の歴史は、アートの発展の歴史だったのである」(ibid., p.290)。そして古代ギリシャの思想は、この美的な経験から出発して、これを自己充足的な形而上学的世界の哲学的観照にまで推し進めた、というのである。

美的なものとして対象を経験する古代ギリシャ人にとって、精神は「自然的存在の実現、あるいは自然的存在への参加」であり、そこには対象を科学的、経済的にとらえる近代の思想家を悩ませた事物と精神との二元的対立という認識論的問題は存在しなかった。「生活は快活と幸福の泉であり、あるいはありうる」。デューイは、そうした「具体的な人間的経験とその潜在力に対する尊敬」(ibid., p.41)を取り戻すための「知的、道徳的遺産」を、古代ギリシャの思想に見ていたのである。ただし、デューイは古代ギリシャの思想をただ賛美していたわけではない。古代ギリシャの思想家は、この喜びを蓄えた自然と人間の経験を再び労働や技術の世界から切り離して、自己完結的(コンサマトリー)な観照の世界の宇宙論と形而上学へと転化した。そして、「このコンサマトリーな活動に参加するのは、少数の人に限られていた」(ibid., p.98)。余暇と自由を享受する市民(自由人)と生産に携わる奴隷的労働者とを分かつギリシャの階級的秩序がそこにあったことはいうまでもない。デューイは、ギリシャ的経験の「古典的で、優雅な伝統における究極的矛盾」をこの点に指摘するとともに、古代ギリシャ人の享受したコンサマトリーな経験と奴隷制に委ねられた道具的な経験とが、人間の経験にとってともに不可欠であることを論じたのである。

一七世紀の科学革命によって、ギリシャ思想のコンサマトリーな形而上学的世界は根本から覆され、科学は数学的–物理的世界を対象とする道具的な知識となり、その後の技術と産業の巨大な発展をもたらした。だが、デューイによれば、「これらの科学的対象と一次的な経験の出来事との結びつきが無視されるとき、その結果は、人間の関心に無関係な諸事物の世界像である」(ibid., p.98)。「自然」と「経験」は相互に切り離され、経験は「意識」の経験へと主観化され、近代の哲学は物理的なものと精神的なもの、あるいは存在と本質、客観と主観、身体と精神といったぬきさしならない二元論に陥ってきた。そして、「狂騒の時代」と呼ばれた一九二〇年代のアメリカにあって、デューイは、いまや「進歩」は「人間の退廃と文明の破滅の可能性」を疑わせるものとなったと述べている。「生命と精神からの自然の分離は、最後は破局であり、みずからが創造した産業的、軍事的機械への人間の服従となるのではないか」(ibid., p.225)。知識人たちがそう問う時代が訪れていた。

第一次世界大戦と第二次世界大戦の狭間の経済的繁栄のなか、デューイは、このような危機意識をもって時代の狂騒を見つめていた。その基礎に見いだされたのが、道具的な経験とコンサマトリーな経験との分裂であり、近代の科学と哲学における、人間の経験の無理解であった。それに対してデューイは、コミュニケーションによって織りなされる人間の日常の経験、そこにある〈道具的／コンサマトリーな経験〉に依拠して、近代社会の生活と文化における「断絶をつなぐ自然の橋」を追究したのである。

コミュニケーションと人間の経験

『経験と自然』においてデューイは、コミュニケーションは「あらゆる事柄のなかでも、もっとも驚くべきこと」であり、その成果が「参加と共有」であることは驚異であると述べている(ibid., p.132）。コミュニケーションは「必要なものを調達する交換」であるとともに、「それ自身のために享受される生活の直接的な高揚」であり（ibid., p.144）、「協同、支配、秩序を樹立する手段」であるとともに、「限りない理想化が可能な親愛の表現」でもある（ibid., p.157）。

なにか神秘的なことが述べられているように感じられるかもしれないが、デューイはことさらに特別なことを述べているわけではない。私たちの日常的なコミュニケーションの経験をふり返ってみたい。私たちの日常の経験は基本的に他者とのコミュニケーションによって織りなされており、私たちは他者とのコミュニケーションを通じて社会に参加し、社会の秩序を形成し、そこで協同や支配を経験する。そして、そこに共同生活が生まれ、知性が育まれ、ときには限りない親愛の経験が享受されることもある。つまり私たちの日常生活は、そうしたコミュニケーションの経験の積み重ねなのであり、そこにおいてコミュニケーションは、生活や社会を成り立たせるための手段（「インストラメンタルなもの」）であるとともに、それ自身のために享受される「コンリマトリーなもの」なのである。

デューイはこの本のもくろみを、近代の哲学、とりわけ超越論哲学によって無視されてきた「喜びのための、そして自己規制のための日常経験の潜在的可能性」に光を当て、「具体的な人間経験とその潜在的可能性への尊敬を創造し、推奨すること」（ibid., p.41）だと述べた。そうした日常の経験とその潜在的可能性の基礎にあるのが、コミュニケーションなのである。デカルト以来の近代の哲学は「主観的なもの」「精神的なもの」を「唯一の根源的な、疑われない資料」と考え、精神と物質の二元論に陥ったが、デューイによれば、「人格、自己、主体性は、複合的に組織された、有機的で社会的な相互作用とともに出現する、結果として生ずる機能なのである」（ibid., p.163）。つまり社会的相互作用が人間にとって意味の発生する基盤なのであり、そこに言語が生まれ、言語によるコミュニケーションを通じて精神が生まれ、さらに人格や自我、主体性や知性が出現する。「こうしてコミュニケーションは、たんに共通の目的にとっての手段なのではなく、共同体の感覚であり、現実化された交流の感覚なのである」（ibid., p.160）。

ことさらに難解なことが述べられているわけではない。デューイの同僚であったG・H・ミードが追究したように、人間の子どもは家族や社会集団における相互行為によって、はじめて精神を獲得し、自我を発達させることができる。その社会的な発達の過程に即して考えれば、「われわれは、精神を社会過程の内部、社会的相互作用の経験的母体の内部に発生し、発展するものと見なさなければならない」（ミード、一九九五、一六六頁）のであり、まさしくそれは「具体的な人間の経験」なのである。

二〇世紀後半の哲学や社会学における「言語論的転回」ないし「コミュニケーション論的転回」を知る者にとって、こうしたデューイの議論はすでに目新しいものではない。ただしここで注目したいのは、デューイがこのような人間の経験についての理解に基づいて、近代の哲学的二元論を虚妄な「幻想」として一蹴するのではなく、二元論が生まれ受容される背景となった、近代における人びとの人生の経験の現実に議論を進めていた点である。「自分の主体性の正統な実現を妨げられた人びとは、……自分の内面的な意識のなかに解放を見いだすことによって、その埋め合わせをする」。「哲学的二元論は、相互作用における無力さ、有効な移行の困難さ、権力を規制し、それによって権力を理解することの限界など、まさに人生の袋小路についての定式化された認識なのである」(ibid., p.185-186)。デューイはこのように述べた。要するに、近代の哲学的二元論の根元にデューイが見いだしたのは、科学革命と産業革命後の「近代生活における個人主義」の時代において人びとが直面した「人生の袋小路」であり、その袋小路から「自我」の「内的世界」へ避難しようとする人びとの意識であった。「自我」の発見から出発した近代哲学は、このような「内的世界」の意識に依拠したのであり、いいかえればそれは、近代哲学における「経験からの逃走」だったのである。

デューイは、「コミュニケーションは道具的であるとともにコンサマトリーである」と述べたが(ibid., p.157)、だからといって「日常の経験」が常にそうしたコミュニケーションによって成り立っていると述べたわけではない。逆に「断絶と両立不可能性」の拡大によって、近代社会の混乱と危機が加速していたとし、その根元にあるコミュニケーションの制限や排除の問題を追及した。「ここにおいて、重大な害悪は道具的機能と究極的機能とを分離することにある」。すでに問題は哲学の問題ではない。「コミュニケーションと参加とが限定的であり、セクト的、偏狭であり、階級や政党、専門家の集団に制限されるために、知性が部分的なもの、特殊専門化されたものとなるのである。……自由で十分なコミュニケーションからの排除は、経験されることがらの意味の十全な理解からの排除である」(ibid., p.159f.)。

さらにデューイは、「この分離は、ただたんに一つの社会現象なのではない」とも述べている。デューイが注目した古代ギリシャの自由人の美的経験はこの分離を免れていたが、そのことが可能であったのは、生産を奴隷労働に委ねることによって、ギリシャ共同体（コミュニティ）の自由人はもっぱら余暇と思考を享受できたからであった。したがって観照的思考を自己目的とするギリシャ哲学、その形而上学は、この「社会的階級による区分を永遠化させる手段」でもあった（ibid., p.98）。一方、「たんに手段である事物とたんに目的である事物との間の伝統的分離は、労働階級と有閑階級との、またコンサマトリーではない生産と生産的ではない充足との間の存在の隔離を反映するものなのである。これは、ただたんに一つの社会現象なのではない。それは、動物の生命に属する欲求と充足との分離が、人間の水準においても永続化されることを具体的に表現しているのである」（ibid., p.276）。

デューイはこのように述べて、道具的な経験とコンサマトリーな経験との分離を批判した。哲学的二元論を批判して「経験」の哲学の刷新を企てた『自然と経験』の議論は、近代という時代の社会と文化によって課される人間の経験の分裂や苦境を、この時代を現に生きる人びとの経験の可能性に照らして、批判的に論究した成果なのである。その導きとなったのが、道具的（インストラメンタル）な側面とは異なる、人間の経験のコンサマトリーな側面であり、さらに二つの側面を架橋するコミュニケーションの概念であった。デューイによれば、「経験のなかで、コミュニケーションの道具的な機能と究極的な（コンサマトリーな――引用者）機能とがともに生かされるとき、そこには共同の生活の方法であり報酬である知性が存在し、親愛と賞賛そして忠誠に値する社会が存在するのである」（ibid., p.160）。

こうしてデューイが述べるのは、後にデューイが追究した「生き方としての民主主義」に支えられる社会の姿であろう。「なぜなら民主主義とは、自由で豊かな交流の生活につけられた名前だからである」（Dewey, 1939a, p.350）。それは、本書の全体を見通す大きな主題でもある。

4 生き方としての民主主義

「機械時代」と道具的活動主義（パーソンズ）

ここまでのデューイの議論が展開されたのは一九二〇年代のことであった。後にパーソンズが社会システム論にコンサマトリーの概念を導入したのは、およそ三〇年後の一九五〇年代のことである。この間に時代の状況が大きく変化したことはいうまでもないが、それぞれの「戦後」において、アメリカ社会の繁栄を目の当たりにして、二人の研究者が近代社会の抱える課題を哲学的、社会学的に、そしてより根源的に究明しようとした点では共通している。

二〇世紀が「パックス・アメリカーナ」の時代であったとすれば、第一次大戦後の一九二〇年代は、その繁栄と新たな社会の様相が初めてくっきりと姿を現した時期であった。そして第二次大戦後の一九五〇年代は、アメリカが圧倒的な軍事力と経済力によってパックス・アメリカーナを牽引し、空前の「豊かな社会」を謳歌した時期であった。デューイは一九二〇年代のアメリカの繁栄を、近代科学、近代の産業と政治がもたらした「機械時代」の所産ととらえ、第一次世界大戦の惨禍の後にさらに迫り来る破綻の予感のなかで、人間を襲う「断絶と両立不可能性」を乗り越える民主主義の可能性を探究していた。一方、パーソンズは、冷戦時代の緊迫した政治的、社会的な脅威のなかにありながらも、第二次世界大戦の勝利に続く一九五〇年代のアメリカ社会の圧倒的な経済的繁栄を、近代社会システムの「よき社会」に向かう「進化」の過程ととらえ、社会システムの統合と進化の論理によって、これを弁証しようとした。

一〇〇年後の今日、デューイが述べた「断絶と両立不可能性」に苛まれた生活と文化、そして「民主主義の病弊」は依然として、あるいはかつての時代以上に、グローバル化した現代世界にとっての苦悩であり、人びとに惨禍を及ぼし続けている。一方、「幸福の罠」として指摘されたように、さらに「トランプ時代」が極端なかたちで露呈させたように、現代のアメリカ社会の「断絶と両立不可能性」は、パーソンズが「よき社会」への進化として唱えた社会システム論の虚妄さを証言するものということができる。その点で、デューイの議論は、一〇〇年後の今日にまで及ぶ近代社会の問題の根源に迫り、パーソンズの社会システム論の誤りを射程に収めていたと見ることができるであろう。

デューイによれば、「機械時代」とは、「遠隔の市場めあての大量生産、海底ケーブルと電話、安価な印刷、鉄道と汽船によって特徴づけられている時代」であり、近代科学による機械の発明が生産と経済活動に導入されたことによって到来した「人間関係の新時代」である（Dewey, 1927, p.323）。この「新時代」は、テクノロジーによる人びとの新しい結合（アソシエーション）を通して「巨大な社会」を出現させたが、そこでは「機械の力と巨大な非人格的組織」が決定的な要因となり、個人は「独立した、自律的な個人」ではなく、「標準化された交換可能な単位」となった。前節でもふれたように、デューイの議論でとりわけ興味深いのは、この「人間関係の新時代」における個人の「没落の過程」が西欧における「個人主義」の起源であり、「自我」を唯一の根源とする近代哲学とその二元論の母胎となったとする主張である。機械時代において人びとは「交換可能な単位」になり、「非人格的な組織」の機能を担う「個人」となる。近代の「個人主義」の欲求や努力は、この機械時代の経験に由来するのだが、近代の哲学は、これを「自我」に由来する主体性として、超越論的に（したがって二元論的に）根拠づけたというのである。そして、このデューイの議論に従うなら、パーソンズ社会学もまた、この近代哲学の延長線上にあって、社会システムに統合された「個人」のあり方を、「制度化された個人主義」と名づけたのである。

デューイは、もとよりパーソンズを念頭に置いていたわけではないが、「新しい産業体制の特徴をなす欲求と努力とが『自然的』人間の機能だとする誤り」を指摘して、「そうした欲求と努力は、制度化された行為から生まれ、制度化された行為に帰着する」と述べた（ibid., p.301）。「自然な」人間の欲求や努力を基にして「新しい産業体制」を分析したのはアダム・スミスを源流とする近代の経済学だが、パーソンズは経済学を理論モデルとして社会システム論を構築しながらも、その際に、「自然的」人間の機能に替えて、道具的活動主義という「文化的」機能（「共通価値」）を導入した。社会システムとしての「新しい産業体制」は、スミスのいう「見えざる手」によってではなく、「神の意志の実現のための道具」となって業績達成に努める諸個人の活動によって、統合され発展するとしたのである。

周知のようにパーソンズ社会学の原点は、近代社会における秩序（統合）の問題は功利主義によって解決できない（「万人の万人に対する闘い」に陥る）、という「ホッブズ問題」であった。カント主義を自認するパーソンズは、当初から「共通価値による統合」というアプリオリな解決を構想していたが、一九五〇年代以降の社会システム論では、プロテスタンティズムを基盤とするアメリカ社会をモデルとして、道具的活動主義が「至上の価値システム」の位置にすえられたのである。「アメリカ社会の価値は、システムの単位、とくに個人を道具的な位置におくのである。そして個人の目標は自己満足的なもの、すなわち自分の私的な欲望の最大限の満足であってはならず、よき社会のためになるような業績をなすことでなければならないとされている」（パーソンズ、一九七三、二六三頁）。

機械時代において「交換可能な単位」となった個人は、こうしてパーソンズ社会学によれば、道具的活動主義に基づいて、いわばアプリオリに、「機械の力と巨大な非人格的組織」に進んで一体化し、社会システムの統合と発展に尽くすことになる。秩序の問題を解決できない功利主義的な個人主義に対して、パーソンズはこのような「制度化された個人主義」によって、近代社会の秩序の問題を解決しうるとしたのである。だが、この理論においては、現に社会に生きる人びとの「日常の経験」、その苦悩とともにそこに潜在する可能性が問われることはない。近代における「哲学の失敗」を批判したデューイの言葉を借りれば、それは社会学における「経験からの逃走」であり、パーソンズにおける「社会学の失敗」を意味するであろう。

高原の見晴らし／幸福の無限空間？（見田宗介）

ここで、リースマンの述べた「第二の革命」に戻って考えてみたい。既述のとおりリースマンは、パーソンズ社会学がモデルとした同時期のアメリカ社会を前にして、他人指向型の人間の登場に注目し、内部指向型から他人指向型の社会へという「第二の革命」の始まりをとらえた。ただし、「生産」のフロンティアから「人びと」のフロンティアへ、「仕事熱心」から「人間熱心」へ、「見えざる手」から「よろこびの手」へという標語によって暗示されただけで、それがどのような「革命」の始まりなのか、どのような未来に向かうのか、ほとんど論究されなかった。あまりにも時代に先駆けすぎたリースマンの提起は、その回答を未来に委ねざるをえなかったというのが私の理解だが、それから半世紀後、日本の著名な社会学者、見田宗介は、コンサマトリーの概念をもちいて、リースマンの「革命」の提起に応える現代社会の理論を提示した。そこには「第二の革命」をめぐる社会学の理論的挑戦とともに、コンサマトリーの概念をめぐる現代の社会理論のもう一つの極を見ることができるように思われる。

前節では、村上泰亮が『産業社会の病理』でもちいて以来、パーソンズ社会学の影響の下、日本においてコンサマトリー化の概念は基本的に社会発展を阻害する否定的な概念としてもちいられたことを述べたが、見田宗介の場合は、おそらく唯一の例外であった。周知のとおり、初期の見田〈真木悠介〉はマルクスとサルトルの間で「解放」の理論を追究していたが、その際の重要な論点として、解放の〈未来〉のために〈現在〉を道具化する解放論を厳しく退けていた。「実際もしも、現実に生きているこの人びとや自分自身を、『輝かしき未来の理想』を実現するための物的な道具とか障害物のようにとりあつかうならば、それはまさしく、物化と疎外化の実践そのものにほかならないだろう」（真木、一九七一、二七頁）。見田はこのように述べて、パーソンズ社会学がなお強い影響力をもっていた頃、パーソンズの道具的活動主義とは正反対の立場に立っていたのである。

そして一〇年後の『時間の比較社会学』（真木、一九八一）では〈コンサマトリー〉の概念を登場させて、人をたえず「虚無の深淵」に立たせるプロテスタンティズムによって、「その時自体のうちに完結して充足する感覚」が疎外されるという、近代社会の時間意識の成立（「カルヴァンの地獄」）を論じた。デカルトの〈われ思う〉という「自我の神話」は、近代的自我のこの圧倒的な不安のなかで生まれたというのである。実にこの議論は、近代という時代を「狂気」とする比喩までも含めて、近代の哲学的二元論に対するデューイの批判と重なる。そして二〇〇〇年代の晩年の見田は、リースマンのいう「第二の革命」の予感を引き継いで、人口変動の「S字曲線という現象の全人間史的な意味とその必然性とを、透徹して把握し」ようとした（見田、二〇〇六、一五〇頁）。その「透徹し」た理論とは、どのようなものであったのか。『現代社会の理論』（一九九六年）、『社会学入門』（二〇〇六年）、『現代社会はどこに向かうのか』（二〇一八年）の三著作から、リースマンの提起に応答したという見田の現代社会の理論を見ておこう。

さて、リースマンが先駆的に着眼したS字曲線とは、生物学でいう「ロジスティック曲線」のことであった。特定の環境に適合して増殖する生物の個体数は、やがて爆発的な増加の局面を経て、その後に自然条件の環境的な制約の下でしだいに定常的な安定の局面に入る、つまり時間の経過とともに増加する個体数の曲線が、左右に引き延ばされたS字型になる。これを地球という有限な環境に適応して増殖してきた人間という生物に当てはめると、人類の歴史は、「近代」という「人口爆発」の時期をS字の右上がりの中央部分として、三つの局面に分かれることになる。リースマンはこの人口増加の三段階を「高度成長潜在期」「過渡的成長期」「初期的人口減退期」と呼び、それぞれの時期を体現する人びとの社会的性格を「伝統指向」「内部指向」「他人指向」とした。見田も同様の三段階の人間史を考え、「現代」という時代を、「近代」という「人間史の大爆発期＝第二局面」が臨界に達して安定平衡期（「高原期」）に向かう巨大な転回期として見る。見田によれば、リースマンの内部指向型から他人指向型への「第二の革命」は、この巨大な転回を先駆的にとらえた瞠目すべき提起だったのである。では、見田はこの「革命」の意味と必然性をどのように「透徹して把握し」たのか、あるいは「近代」という第二局面を遂に上りつめた「現代」という「高原の見晴らし」を、どのように切り開いたのか。

　見田の「現代社会」の理論は「情報化／消費化社会」論である。「情報化／消費化」と書くと、いかにもありふれた現代性の把握のようだが、見田においてそれは資本主義の「転回」であり、「革命」でもありうる。〈情報化／消費化資本主義〉は、近代資本主義の臨界であり、やがてこれを内側から突き破る「革命」の「胚芽」がつくり出される最終局面だというのである。ゼネラルモーターズ社（GM）の自動車販売戦略がその最初のモデルとなったように、〈情報化／消費化資本主義〉とは、「『デザインと広告とクレジット』という情報化の力によって消費市場をみずからつくり出すシステムであり、このことによって旧来の『資本主義の矛盾』をみごとに克服するシステムであった」（見田、二〇一八、一二頁）。それ以来、ＧＭのモデルにならって「無限」な需要と市場の創出に成功した資本主義は、いよいよグローバルに拡大し、遂に地球環境の有限性という最終的な臨界に達した、というわけである。では、「臨界」に達して、あるいは「高原」に上りつめて、何が起こるというのであろうか。見田は次のように述べている。

「情報は、自己目的的に幸福の形態として、消費のシステムに、資源収奪的でなく、他社会収奪的でない仕方で、需要の無限空間を開く。あるいは市場のシステムを前提としない、人間の社会のいっそう原的な水準でいえば、それは有限な物質界を生きる人間に、幸福の無限空間を開く。正確には、幸福のかたちの創造の無限空間を開く。資源は有限だが、情報は無限であるからである。マテリーは有限だが、イデーは無限であるからである。」（見田、一九九六、一五二頁）

見田によれば、「消費化革命」は「生産の自己目的化という狂気」から人間を自由にし、「享受することの幸福」の本源性を復位するという。「情報化革命」は「物質主義的」な幸福のイメージから人間を自由にし、「交信」のテクノロジーを用意する。したがって「情報化／消費化社会」というシステムは、「高原」からふり返って見るなら、「人間と自然の関係／人間と人間の関係の双方における、〈共存することの祝福〉ともいうべきものを基軸とする世界を切り開く未知の革命を、はるかに準備する転回であったということができる」（見田、二〇〇六、一六六頁）。そして目の前には、「幸福の無限空間」の見晴らしが広がる、というのである。

リースマンの「第二の革命」を「透徹して把握し」ようとした見田の情報化／消費化社会論の論理を見てきた。実際に各著作にふれると、見田の卓抜な知性と筆力によって「心が躍る」ような独特な理論世界に引き込まれるが、「幸福」を社会学的に、そして社会政策的に追究する本書の意図からすれば、それはいかにも危うい理論といわざるをえない。パーソンズの社会システム論は、地上に「神の王国」を築くために「道具」として永遠に生産を指向する人間と社会の理論であった。その時代はまさにGMの最盛期であったが、見田の理論は、GMから始まる情報化／消費化によるシステムの発展を、あたかも地上の「天国」や「極楽」に向かう道筋のように、「享受することの幸福」の無限化に向かう「転回」の「必然性」として把握するのである。真逆に見えたパーソンズと見田の理論は、ここではほとんど表裏の関係にあることがわかる。「見えざる手」ではなく人びとの道具的活動主義によって駆動するとされたパーソンズの社会システムは、ここでは情報化／消費化社会への発展によって、リースマンのいう「よろこびの手」に迎えられ、見田はそこに「システムの環としての幸福」の意義とリアリティをとらえた。さらに見田は、これを反転させて、「幸福の環としてのシステム」ととらえ返すこともできる、というのである（見田、一九九六、三八頁）。「億の幸福が並んで生まれ、／しかも相互に相犯さない、／明るい世界はかならず来る」（見田、二〇一八、一五三頁）。

見田は宮沢賢治の詩稿にならって「幸福」への確信を述べるのだが、そのための「手段」について何も述べることはない。「未来にある目的のために、現在の生を手段とする」という「手段主義」（道具主義）の誤りこそ、二〇世紀型革命の破綻の理由として、見田が初期の頃から一貫して追及し続けたことだからである。「転回の基軸となるのは幸福感受性の奪還である」（同書、一三五頁）。手段主義に対置されるのは、「現在を楽しむ」という「コンサマトリーの公準」である（同書、一五五頁）。それは、パーソンズの社会システム論が道具的活動主義というアメリカの価値システム、つまり「道具性（インストラメンタル）の公準」に準拠していたことと表裏の関係にある。

幸福の環としての生活世界／生き方としての民主主義（デューイ）

「道具性」に準拠するパーソンズ社会学と「コンサマトリー」に準拠する見田宗介の社会理論との表裏の関係を見た。デューイの議論に従っていえば、両者の誤りは、道具的なものとコンサマトリーなものとの分離であり、そのいずれでもありうる「具体的な人間経験とその潜在可能性」に対する無理解であり、「経験からの逃走」なのである。一人ひとりの「幸福」は、至上の目的のために否定されるものでも、もっぱらコンサマトリーな価値によって最大化されるものでもない。近代の生活と文化における「破綻と両立不可能性」、そのことが投げかける問題を解くことができない近代の二元論は、この二人の社会学者のそれぞれの理論的袋小路にも見てとれる。それに対してデューイは、「コミュニケーションは、道具的であるとともにコンサマトリーである」という人間経験の可能性の追究に従って、この袋小路を脱する民主主義の探究を進めたのである。

デューイの議論を私なりに咀嚼していえば、それは「親密なコミュニティを基点にして民主主義を生きること」だと表現できるであろう。「満足と平和に満ちた幸福は、他者との持続的な結びつきのなかにのみ見いだされるものであり、他者との結びつきは、表層の意識的経験の下層において幸福の不動の基礎を形成するような、そうした深さにまで達する。……人間の精神がそれ自身の内部に立ち返るのは、身近なコミュニティのなかだけに存在する生き生きとした、確かな深い人間関係においてのみ、見いだされうることなのである」(Dewey, 1927, p.368)。デューイはこのように述べた。第4章で詳述するように、ドイツの社会哲学者、ユルゲン・ハーバーマスによる「コミュニケーション論的転回」以来、現代の社会学は、パーソンズ社会学への批判を経て、人びとのコミュニケーションの行為に基づく社会形成の意義を、「生活世界」という概念によって追究してきた。その概念をここで先取りするなら、見田が「幸福の環としてのシステム」を論じたのに対して、デューイは「幸福の環としての生活世界」について論じたといえるであろう。民主主義の概念もまたそこから深化された。デューイは、「共同社会的(communal)な生活から切り離された友愛、自由、平等は絶望的な抽象物である」として、次のように述べている。

> 「共同社会的な経験との正しい関連においてみれば、友愛とは、すべての者が参加し、各人の行為に方向づけを与えてくれる結合関係(association)から生まれる有用な価値(goods)についての自覚的に評価された別名である。自由とは、他者との豊かで多様な結合関係においてのみ生ずる個人の潜在能力の解放と実現とを確保することである。……平等とは、コミュニティの個々の成員がそれぞれ協働行為の結果として所有する、制約のない配分を意味する。」(ibid., p.329)

デューイは「共同社会的な経験」によって裏づけられた「空想的ではない民主主義」について、

このように述べた。それは、機械時代の西欧における民主主義の衰退に対して、その再生のための条件と課題を明らかにすることでもあった。第一次世界大戦後の一九二〇年代、デューイが目の当たりにしていたのは、大衆社会における「公衆の没落」であった。科学と技術の発展（「機械時代」）がもたらした圧倒的な産業・経済体制の下で、人びとは「安上がりの娯楽」を享受する大衆にとどまり、政治に関心を向ける公衆として組織化されることはなかった。投票率は「およそ半分程度」にとどまり、「私が投票に行こうと行くまいと、それで何の違いがあるのか。いずれにしても物事は同じように動いていく」と、人びとの間には政治への無力感と無関心が蔓延していたのである（ibid., p.309）。やがて、全体主義国家の出現に脅かされる危機の時代が訪れ、ヨーロッパ大陸の戦場で第二次世界大戦が勃発した一九三九年に、デューイは「創造的民主主義――われわれの眼前にある課題」という小論を書いて、「生き方（a way of life）としての民主主義」を唱えた。同時期の『自由と文化』では、「われわれの民主主義に対する深刻な脅威は、外国の全体主義国家の存在ではない。……戦場はここ――われわれ自身とわれわれの制度のなかにある」（Dewey, 1939a, p.98）と、危機感が表明された。デューイは、「われわれ自身とわれわれの制度」という戦場で、慎重かつ決然たる努力によって、「個々人のパーソナルな生き方」として民主主義を「再-創造」しなければならない、と説いたのである。

「生き方としての民主主義」は、もっぱら人びとの投票を根拠とした従来の制度としての民主主義に対して、またその種の民主主義の深刻な危機を前にして、「空想的ではない民主主義」を個々人の生き方から創造しようとするものであった。デューイによれば、「人間性の可能性への信頼」

と「人間の知的な判断と行動の能力への信頼」、そして「他者との日々の協働への信頼」を基にして調整される個々人の生き方が、「創造的な民主主義」なのである。この小論でくり返される「信頼 faith」（「信仰」）という言葉は、あまりに「ユートピア的」でもあり、ありふれた「道徳的な常套句」のようでもある。それに対してデューイは、「民主主義は道徳的理想であり、民主主義が事実となるかぎり、道徳的事実である」、「民主主義は、実際に生活の常識（commonplace）であるときにのみ、現実である」と述べて、その点の理解が再創造されるべき民主主義の核心だと述べた（ibid., p.228f.）。民主主義と道徳をめぐる理想と現実との二元論は、デューイによれば、生き方として民主主義を再創造することによって退場するのである。

「民主主義の病理の治療は、よりいっそうの民主主義である」（Dewey, 1927, p.327）。「生き方としての民主主義」は、民主主義へのシニシズムに対して、近代哲学の二元論を超える人間の〈道具的／コンサマトリーな経験〉に対するデューイの深い「信頼」を、あらためて表明するものであった。「民主主義は、将来の経験が秩序ある豊かさのなかで育まれるように、そのための目標や方法を生み出すことのできる人間の経験への信頼なのである」。したがって「経験のプロセス」がなによりも重要なのである。「民主主義は目的として、また手段として、経験のプロセスに心から信頼を寄せて生きる唯一の方法なのである。……民主主義の果たすべき課題は、すべての人びとが共有し、すべての人びとが貢献する、より自由で、より人間的な経験の永遠の創造である」（Dewey, 1939b, p.229）。

デューイは「生き方としての民主主義」について、このように述べた。今の日本でこれらの言葉を受けとめようとすると、依然として「ユートピア的」のようでもあり、「道徳的常套句」のようでもある。だが、第1章で見たデンマーク人の幸福な暮らしぶりを思い返すと、このデューイの民主主義への信頼と願いは実現への道があるのではないかとも思える。デンマーク哲学を研究する小池直人が紹介しているように、実際にデンマークの第二次世界大戦後の社会形成と民主主義の発展にとって、社会教育家のハル・コックが唱えた「生活形式としての民主主義」の思想が広く受け入れられ、大きな影響を及ぼしてきたという。「民主主義はシステムでも教理でもない。それはひとつの生活形式である。だが、民主主義を生きることは諸々の教科書や諸条項につきしたがって学ぶことができない。民主主義はひとつの芸術である」(コック、二〇〇四、六九頁)。コックの言葉はそのままデューイの言葉のようでもある。デンマーク人の高い幸福度は、「生き方(生活形式)としての民主主義」の発展と不可分なのである。

5 コンサマトリー化を超えて

道具的能力主義からの転換

日本の若者の「幸福」を「コンサマトリー化」の概念をもちいて考えるにあたって、本章では、従来わずかにパーソンズ社会学に言及するだけで済まされてきたコンサマトリーの概念について、デューイにまでさかのぼって、その意義を追究してきた。パーソンズが道具的な価値システムを社会システムの根底にすえたのに対して、デューイは〈道具的／コンサマトリーな経験〉を人びとの日常のコミュニケーションに見いだし、この経験を分裂させる近代の社会と文化、哲学を批判した。さらに人間の経験に対するデューイの信頼が、社会システムの「進化」を確信するパーソンズとは異なり、あるいはシステムの「転回」を唱える見田とも異なり、危機の時代に際して民主主義の再創造を求め、「生き方としての民主主義」を追究する思想に結実していたことを見た。ずいぶんと遠回りをしたが、ここから現代日本における若者の「幸福」の問題に戻って、あらためて考えることができるであろう。デューイの思想を参照することによって、日本の若者の「幸福」とコンサマトリー化のなかに、若者自身と社会を取り巻く困難な現実も、そこにある葛藤と希望も、見えてくるように思われるからだ。

ところで前著において私は、扱いにくい「道具的」と「コンサマトリー」という対概念を、NHK放送文化研究所の一〇年ごとの調査に依拠して、「他人に負けないように頑張る」のか「のんびりと自分の人生を楽しむ」のかという「望ましい生き方」の選択肢に見立てた。パーソンズの場合、「人間は神の意志の実現のための道具として存在する」というのが「道具的」の原義であり、個人の業績達成（活動主義）は神の意志の実現のために求められた。それに対して、日本では「神の意志」のためではなく、「他人に負けないように頑張る」（努力主義）という日本型の能力主義が、経済成長と企業（会社）の発展に尽くす産業主義を駆動する道具的な価値観として、人びとに強力に作用してきたと思われるからである。この価値観をここでは「道具的能力主義」と呼ぶことにする。日本の若者にとって、それは競争的な学校制度と「学歴社会」に刻印された戦後型青年期を貫く核心的な価値観であった（第4章参照）。一方、「のんびりと自分の人生を楽しむ」という選択肢には、経済成長と企業（会社）という上位の価値のために献身するのではなく、自分自身の生活の充足を目的とする生き方、道具的な能力主義に支配されないコンサマトリーな生き方への選好を見ることができる。さしあたりそれは道具的能力主義からの「離反」を意味するものであろうが、さらにこの「望ましい生き方」が「現在の生活」に引き寄せられ、そこに「満足」が見いだされるとき、コンサマトリーな生き方への「価値転換」を認めることができるであろう。

中高生とその父母を対象とした同研究所の調査によれば、一九八二年にはまだ多数派であった「他人に負けないように」（中学生六三・二%、高校生四七・〇%、父親六〇・〇%、母親四〇・〇%）は、その後減少を続け、二〇〇二年には「のんびりと」がすっかり多数派に変わった（中学生五一・七%、高校生六一・三%、父親五二・九%、母親七三・四%）。すべての対象者において、この間に全般的なコンサマトリー化（道具的能力主義からの離反）が進んだことがわかる（図表6−1、6−2）。その上で高校生よりも中学生の方が、そして母親よりも父親の方が、一貫して道具的能力主義により親和的であったこともわかる。道具的能力主義によって若者を選別する日本の学校制度の下で、高校生になると競争から離脱（脱落）する者が増加するからであり、道具的能力主義に基づく日本の社会経済システムは、性別役割分業を前提とし、女性を系統的に周辺化（脱競争化）するからである。

以上の考察から、図表1（本書、五七頁）で注目した現代日本の「幸福な若者」の増加について、

図表6-1　望ましい生き方（中高生）

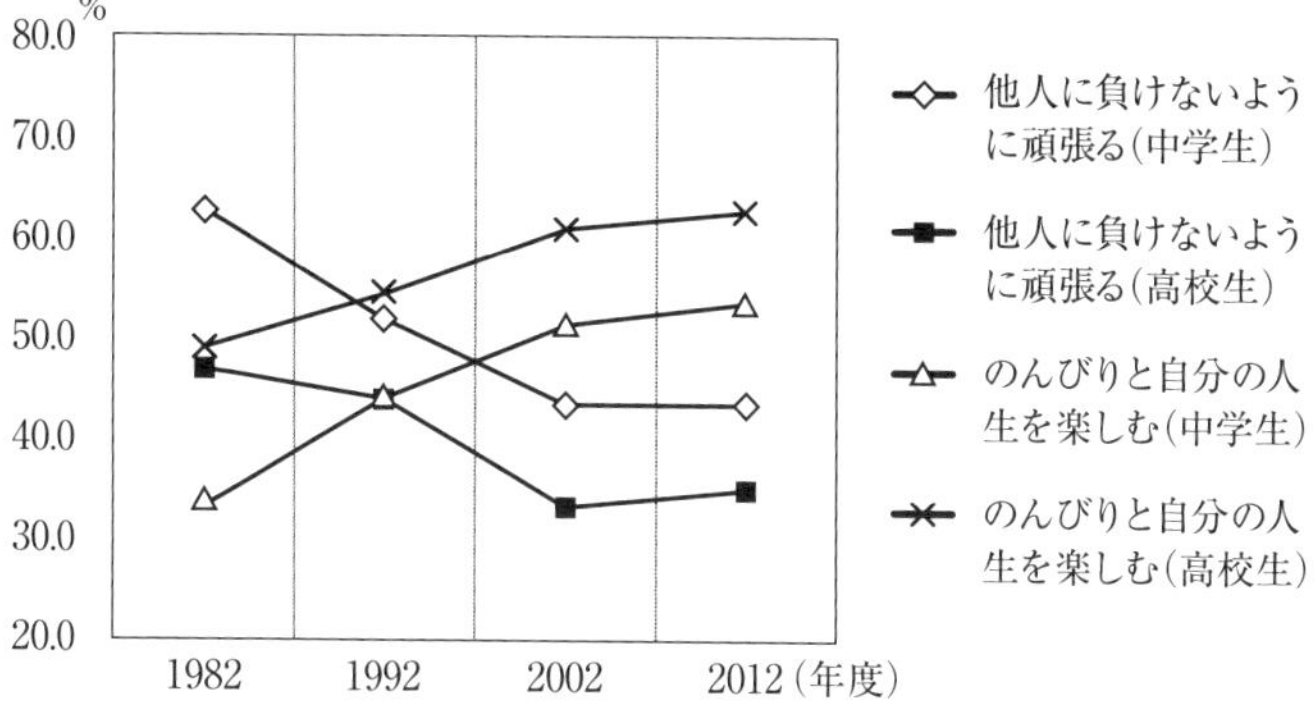

出所：NHK 放送文化研究所，2013

図表6-2　望ましい生き方（父親・母親）

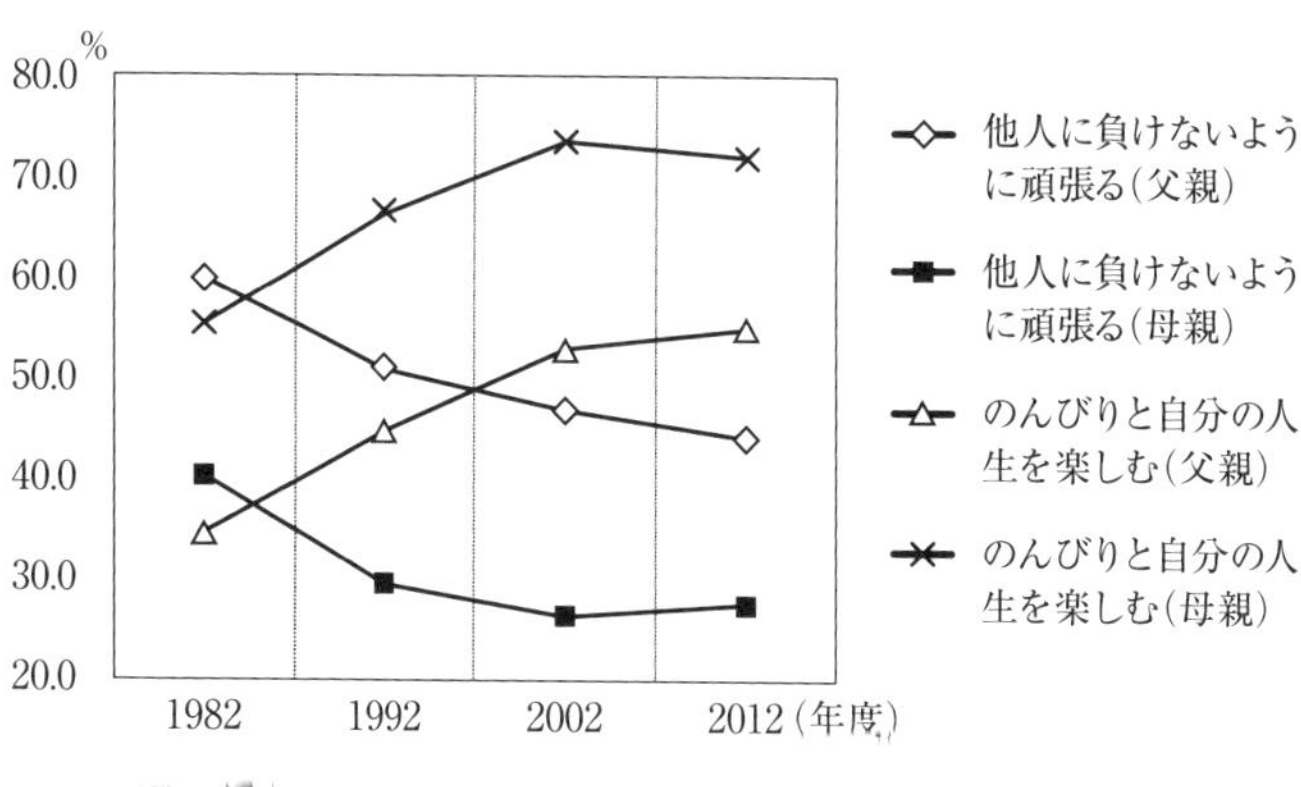

出所：同上

とりわけこの変化を牽引した二〇代男性の生活満足度の大きな上昇について、その理由を理解することができると思われる。

まず、一九八〇年代まで、なぜ二〇代男性が「現在の生活」にもっとも「不満」だったのであろうか。その理由は、経済成長がずっと続くと考えられていた一九八〇年代まで、道具的能力主義が依然として支配的であり、とりわけ若い男性ほど「他人に負けないように頑張る」という価値観を強く内面化していたからである。つまりこの時期まで、競争的な学校制度の下で社会化された若い男性たちは、「現在の生活」に満足するのではなく、「他人に負けないように頑張り」、年齢とともに地位と生活水準を向上させて、しだいに「現在の生活」への満足を増加させたのである。そこにはリースマンのいう「生産と開発のフロンティア」に生きる「仕事熱心」な、内部指向型の人生を読み取ることができる。一方、女性たちは、男性中心の経済社会システムにおいて系統的に周辺化されており、道具的能力主義の内面化はアンビヴァレントであり、価値観の転換も早かった（図表2、五七頁）。リースマンは、内部指向型から他人指向型への歴史的転換を「消費と人間関係の新しいフロンティア」の出現とし、その転換の兆しを戦後アメリカの中産階級に見いだしたが、日本では、その転換は高度経済成長後に訪れた消費社会の進展とともに始まった。そして、まずは道具的能力主義のなかで周辺化されてきた女性たちが「消費と人間関係のフロンティア」へと進み、そこに「満足」を見いだすコンサマトリーな価値観への転換（コンサマトリー化）に先駆けたのである。

全般的なコンサマトリー化（道具的能力主義からの離反）が一九八〇年代から進んだにもかかわ

らず、なぜ二〇〇〇年代に入って若い男性の「満足」が大きく高まったのかについても、ここから理解することができるであろう。コンサマトリーな価値観は若者文化に浸透していたとはいえ、男たちの人生は一九九〇年代半ばまで確固として道具的能力主義の経済社会システムに組み込まれていた（あるいは、そう信じられていた）。たとえば、家畜のように企業に隷属するサラリーマンを指して「社畜」という言葉が広まったのは、九〇年代のことである。バブル崩壊後の長期の停滞にもかかわらず、多くの男性はこのシステムから逃れようもなく、彼らにとって実際に日本の経済社会システムの機能不全が歴然となったのは、一九九七年の大手銀行の破綻からであった。そして、この時期以降、学校を卒業して初めて社会に出る一〇代、二〇代の若者の雇用環境が急激に悪化し、とりわけ急増する非正規雇用の不安のなかで、「生きづらさ」を強いられた若者たちは、男女を問わず、虚構と化した道具的能力主義からの価値転換を加速させたのである。他人との競争に駆り立てる道具的能力主義ではなく、「のんびりと自分の人生を楽しむ」という「望ましい生き方」が「現在の生活」に引き寄せられるとき、経済成長の時代とは異なる「満足」を享受することができたに違いない。こうして「人間熱心」な、他人指向型のコンサマトリーな価値に「幸福」を見いだしたのは、まずは女性であり、続いて若い世代の男性であった。

「暗い時代」を生きぬく

村上以来のコンサマトリー化論は、今も「ニート」を「働く意欲のない若者」として非難する論調が残るように、その後もかたちを変えてくり返されてきた。それに対して、前著において私は、大人には「まじめの崩壊」と映る若者の行動も、若者自身の経験に即してみれば、その多くは困難さを増すばかりの現実に適応して生きぬこうとする若者の格闘する姿であることを、複数の事例研究を引いて指摘した（豊泉、二〇一〇）。その後、二〇〇〇年代の経過とともに、日本における格差と貧困の拡大が顕著になり、若者の問題においても格差と貧困がしだいに焦点化されるに及んで、近年、少なくとも社会科学の文脈では、この種のコンサマトリー化論（若者批判）は影を潜めた。他方、この間に「幸福」や「満足」の割合を顕著に増加させた若者の動向を前にして、あらためてコンサマトリーの概念が問われたのである。

前節で述べたように、見田は、この間の若者の動向に「高原期」の〈単純な至福〉へと向かう足取りを見るのだが、その「見晴らし」と、この間の格差と貧困の拡大にあえぐ日本の若者たちの経験との落差は、あまりにも大きい。見田が直接に参照したのは、「日本人の意識」調査（NHK放送文化研究所）における二〇代の若者の生活満足度（「満足」の割合）と、「世界価値観調査」における西欧諸国の二〇代前半の若者の幸福度（「非常に幸福」の割合）である（見田、二〇一八）。いずれも長期的な増加傾向を示している点では一致しているが、そもそも日本と西欧諸国の若者の動向を一律に「脱高度成長期の精神変容」として語るには無理があろう。見田がデータとして挙げた六か国（フランス、イギリス、西部ドイツ、デンマーク、スウェーデン、ノルウェー）の幸福度（主観的ウェルビーイング）は、第1章で述べたように、二段階ではなく一一段階の評価で測定すると、いずれも日本よりもはるかに高く、日本はずっと「不幸な」国なのである。この幸福度の相違が政治の問題であることを第1章では強調したが、ここでは、その問題を若者自身の経験に即して追究したい。

さて、この間に若者が経験したのは、「まじめの崩壊」ではなく、「まじめ」を強いてきた道具的能力主義の虚構性であり、このシステムを担ってきた家族と学校そして企業の機能不全であった。崩壊したのは、若者の「まじめ」ではなく、若者を社会的に包摂しえなくなった道具的な能力主義のシステムの方だったのである。この崩壊のなかを若者たちは「道具的能力主義からの転換」とともに生きぬいてきたのであり、その転換は、見田が述べるような「幸福感受性の奪還」や〈単純な至福〉といった壮大な出来事ではない。デューイの言葉をもちいれば、そこには、この「暗い時代」を生きぬく、若者それぞれの「経験のプロセス」があった。それはどのような「経験のプロセス」だったのであろうか。

二〇〇〇年代以降、若者の格差や貧困についての社会科学的な関心が高まるなかで、若者の経験に即したエスノグラフィックな研究も蓄積されてきた。ここでは、「地元」のストリートダンスのグループに集まる若者を数年にわたって調査し、「フリーター」という進路をみずから選び取る若者たちの人間関係や生き方を分析した新谷周平の研究を引いて、コンサマトリー化を生きる若者の経験のプロセスの一端を見ておこう（新谷、二〇〇七）。

「首都圏の私鉄駅に隣接する百貨店の入り口で、週三日、午後九時から一二時くらいまで、ブレイクダンスを練習しているグループ」、そして中学・高校の卒業を前にしても進学準備や就職活動もせずに「好きなことをやりたいから」とフリーターとなっていくメンバーたち。新谷がインタビューを重ねたのはそんな若者たちである。メンバーの多くは学業が振るわず家庭環境にも恵まれない若者たちだが、それだけで彼らの選択と経験を説明できるわけではない。「重要なことは、学校、家庭から離脱したとき彼らのアイデンティティを支えた学校外文化の存在」だという。新谷が注目したのは「地元つながり文化」であり、その意味を解釈するためにもちいられたのが、パーソンズ社会学に由来する「道具的機能／道具性」と「表出的機能／表出性」という概念だったのである。パーソンズの用法では、「表出的」のより包括的な概念が「コンサマトリー」である。

　新谷によれば、彼らの「地元つながり文化」は、場所の共有、時間感覚、金銭感覚の三点から説明される。同じ中学か近隣の中学の同級生、先輩・後輩である彼らは、学校や家庭とは異なる共通のたまり場を「地元」で共有し、仲間との時間の共有を優先して「予定を立てない。遊ぶ予定もその日その日に考える」。グループ内では、「家庭がどれだけ金銭的に余裕があるかにかかわりなく、その場でお金をもっているものが払うという金銭感覚」が「当然のこと」として共有されている。そして、「この場所・時間・金銭の共有が、無業やフリーターであることと適合的なのだ」という。「無業やフリーターであることによって場所や時間の共有が可能となり、場所や金銭を共有することで無業やフリーターでの生活が可能になる」からである。新谷はこのように「地元つながり文化」をとらえ、そこでは当の若者たちにとって、少なくとも主観的には、生活手段を得る道具性と情緒的な安定をはかる表出性が充足されていた、というのである（同書、二四九頁）。

　本書の意図に引きつけていうなら、新谷の研究は、今の日本においてコンサマトリー化を生きるノンエリートの若者の経験プロセスに焦点を合わせて、この「暗い時代」を「幸福」に生きぬく若者の経験の「潜在的な可能性」に迫ったものといえる。

かつてパーソンズ社会学において、道具的機能と表出的機能は家族と学校という社会化のシステムに埋め込まれ、最終的に社会システムに献身する道具的活動主義の価値を若者に内面化させるものと考えられた。同様に高度成長期の日本においては、家族と学校を通して、経済発展の「夢」を担う道具的能力主義の価値が若者に内面化された。見田の時代区分によれば（見田、一九九五）、そうした「夢の時代」はオイルショックとともに終わり、その後のポスト高度成長期において、家族と学校の表出的機能（情緒的な安定をはかる「居場所」機能）は「虚構」と化した（「虚構」の時代）。さらに一九九〇年代の後半、「他者」という存在も、社会という「現実」さえも不可能な「不可能性の時代」が訪れたというのが、見田に続いた大澤真幸の議論であった（大澤、二〇〇八）。「不可能性」という言葉は的確とは思えないが、この時期に家族と学校が、表出的機能ばかりか道具的機能（生活手段を確保する機能）においても、機能不全に陥ったことは確かである。一九九〇年代後半以降、「虚構」であってさえも男たちの生き方を縛り続けた道具的なシステムが破綻し、上記の調査で見たように、新たに社会に参入する若者（男性）のコンサマトリー化が一気に進んだ。そして新谷は、この破綻のなかで、不安定な生き方をみずから選び取るグループの若者たちに耳を傾け、その理由を聴き取った。「だがしかし、それでもなお学校外の場において、自前で道具性と表出性を賄おうとする若者たちがいるのである」（新谷、同書、二五〇頁）。

本章の分析に即していえば、「アドリブ人生で」などと気楽そうに構えて、なによりも仲間の関係を優先し、場所・時間・金銭を仲間と共有して生きようとする彼らの経験のプロセスは、「道具的能力主義からの転換」の先にある経験の潜在的な可能性を垣間見させてくれる。そこにあるのは、「他人に負けないように頑張る」のではなく、「のんびりと自分の人生を楽しむ」というコンサマトリー化の先にある、人間経験の可能性である。デューイは、コミュニケーションという人間の〈道具的／コンサマトリーな経験〉、「参加と共有」の経験を基盤として、機械時代の分裂と両立不可能性を克服する社会形成、「生き方としての民主主義」の可能性を追究していた。見田は「スケジュール化された生」からの解放、「経済競争の脅迫」からの解放、「共存することの祝福」といった言葉で、「幸福感受性の奪還」について語った。この若者たちの経験のプロセスをことさらに過大評価しようというのではないが、そこには現代の袋小路の先にある「より人間的な経験」の可能性を考える手がかりがあると思われる。道具的な能力主義から解放された彼らの「自由な」、他人指向型の生き方は、少なくとも現代という時代が、〈他者〉が経験の限界として現れる「不可能性の時代」ではないことを、身をもって示しているといえるであろう。

もとよりこれらの見方は、彼らの主観的な経験から垣間見られる、コンサマトリー化の先にある経験の潜在的な可能性を述べたにすぎない。実際には、あるいは客観的には、かつてのように低学歴の若者の就業と成長の場となる「地元」の労働世界が担保されないかぎり、彼らがみずから選び取る生き方を待ち受けているのは、いまや「アンダークラス」とも呼ばれるような過酷な労働・生活環境である可能性が高い。「だがしかし、それでもなお」、あるいはだからこそ、彼らは「学校外の場において、自前で道具性と表出性を賄おうとする」のである。第1章で述べたように、もし「幸福」が政治の問題でもあるならば、それは、「自前で」ではなく、「道具的能力主義からの転換」の先において社会が保障しなければならない経験のはずである。若者たちの矛盾だらけの選択が私たちの社会に突きつけているのは、そのことなのである。

民主主義の再創造

ここまで現代日本を「暗い時代」と表現してきたのは、H・アーレントの政治思想に依拠してのことである。アーレントによれば、「暗い時代」とは「公的領域の光が奪われた時代」である。「その光が『信頼の喪失』『見えない政府』によって……さらには古き真実を護持するという名目であらゆる真実を無意味な通俗性の中におとしめる道徳的その他の説教によって消されるとき、暗闇は招来される」（アーレント、二〇〇五、九頁）。アーレントがファシズムの時代を念頭において述べていたことはいうまでもないが、「むしろ、暗い時代は、新しいものではないばかりか、歴史上まれなことでもない」という。デューイもまた、道具的経験とコンサマトリーな経験とが切断される近代において、科学は「生活のアート」から切り離され、「生活の圧倒的大部分は、思考の探究によって照らされることなく暗闇のなかを進行する」（Dewey, 1925, p.287）、と述べていた。「暗い時代」とは思考の探究が放棄され、シニシズムによって民主主義の危機が進行した時代であり、それに対してデューイが「生き方としての民主主義」の再創造を提起したことを見てきた。

一九九〇年代以降、日本の暗闇はますます深くなったが、人をますます道具化する現代の暗闇の亀裂にまっ先に投げ出された若者たちは、にもかかわらず道具的能力主義をみずから転換することによって、コンサマトリーな経験の光をそれぞれに灯して「幸福」を引き寄せてきた。フリーターを選び取る若者の経験から示唆されたように、そこにある道具性と表出性とをともに求める経験は、デューイが「生き方としての民主主義」に求める人間経験の可能性への信頼を垣間見させるものでもあった。それは「暗い時代」を生きぬく若者たちの一つの時代経験であったと思われる。一方、その先にある、この時代における民主主義の再創造の可能性を私たちに予感させたのが、「民主主義って何だ?」と現代日本の政治と国民に問いかけた、SEALDsという大学生グループによって主導された二〇一五年の安保法制反対運動であった。政府は、それまで憲法九条の下では認められないとしてきた集団的自衛権の行使を可能とする法改正を、巨大与党勢力を頼みに押し切ろうとしていた。それに対してこの若者たちは、数の力によって無言のうちに民主主義を形骸化する道具的な政治とその現状へのシニシズムに対して、一人ひとりの「生き方」として民主主義を問い、かつてない自由で豊かな政治的コミュニケーションをくり広げたのである。

実際に運動のスタイルも集会でのスピーチの内容も、コンサマトリーな価値に彩られ、個人を国家と経済の「道具」と見る既成の政治との対決をきわだたせた。動員されることもなくSNSの呼びかけに応えて思い思いに国会前に集合する若者たち、ラップのリズムにのせて自分たちの政治的意思を若者言葉で表明するコールとレスポンス、そしてスマートフォンを片手に語られる若者ひとりの思いを込めたスピーチ。それらが、集会とデモにおける新たな政治的コミュニケーションの表現方法となり、かつてのシュプレヒコールやアジテーションとは異なり、多様な個人をつなぐ運動の波をつくり出した。「視覚は傍観者であり、聴覚は参加者である」(Dewey, 1927, p.371) と述べて、デューイは、対面的な関係における言葉による人から人へのミュニケーションが社会的知性の強化と拡大にとって決定的であり、そこに公衆の再生を期待していた。彼ら彼女らの運動はおそらくそのことに自覚的であり、結果として驚くべき規模で傍観者を参加者に変えた。

集会でスピーチに立つ若者たちはいかにも学生らしいファッションを身につけ、まず自分の名前を名のり、それぞれ自分の言葉で「私」のこと、政治への思いを語り、そして最後に、たとえば「○月○日、私は戦争法案の廃案を求めます」と述べて、スピーチを結ぶ。それまでの自分の「日常」をふり返り、さまざまな「生きづらさ」や苦しみの経験にふれつつ、私生活のかけがえのなさ、日常生活を大切にする気持ちを率直に語り、それを脅かす「戦争法案」への怒りを表明する、そうしたスピーチが少なくなかった。それらのスピーチが動画となってネット上に公開され、拡散されて共有され、かつてない政治的コミュニケーションとなって、共感の輪は世代を超えて大きく広がった。「保守化する若者」や「意欲のない若者」ばかりが注目されてきた時代にあって、一人ひとりの若者が固有名でネット上に「私」として登場し、自分の言葉で政治的意思を毅然として表明する姿は、驚きでもあり、感動的でもあった。デューイのいう「パーソナルな、一人ひとりの生き方としての民主主義」が、「感動的なコミュニケーションのアート」によって、新たな現実性を獲得したかのようでもあった。

ＳＥＡＬＤｓの若者たちの「言論（スピーチ）と活動」に注目したが、ここでわざわざ「言論（スピーチ）と活動」と表記したのは、若者たちの運動をアーレントの思想に照らして理解したいからである。アーレントによれば、私たちは、公的領域の光が奪われた「暗い時代」に生きている。公的領域とは、人びとが「言論（スピーチ）と活動」によって、互いにかけがえのない個人として人間的世界に現れ出ることのできる空間であり、この空間を保持する権力を生成する政治的領域である。『人間の条件』から引用すれば、「言論（スピーチ）と活動は、人間が、物理的な対象としてではなく、人間として相互に現われる様式である。この現われは、人間が言論（スピーチ）と活動によって示す創始（イニシアティブ）にかかっている」（アーレント、一九九四、二八七頁）。そして「権力は、活動し語る人びとの間に現れる潜在的な出現の空間、すなわち公的領域を存続させるものである」（同書、三二二頁）。ここから読み取りたいのは、ＳＥＡＬＤｓの若者たちが「言論（スピーチ）と活動」によって「民主主義とは何か」を問い直した運動は、一人ひとりのコンサマトリーな「幸福」の希望を集めて公的領域を照らしだし、民主主義の再創造を目指した運動、新しい政治文化の創出として理解できるのではないか、ということである。

公共領域といえば、ほぼ国や自治体の行政領域と同義の日本において、つまり「公的領域の光」を奪われている私たちにとって、アーレントの政治思想の核心にあるこの議論を理解することは、なかなか容易ではない。しかし、この若者たちの運動を経て考えるなら、リアルにその議論の意義を理解できると感じる。彼らや彼女らのスピーチ（言論）と集会・デモの活動によって、国会前広場を中心にして全国各地に、そしてネット空間に、巨大な公共領域が出現したからだ。そしてスピーチに立った彼ら彼女らを筆頭に、それぞれに「私」を語り、それぞれの独創的な活動の創始（イニシアティブ）によって、その空間に参加した無数の人びとがかけがえのない個人として、公的領域の光に照らされるかのように立ち現れていた。巨大な規模に広がったその無数の人びとの運動によって、国会内外の既存の政治勢力が動かされ、そこには既成の政治と民主主義の正統性を問う政治的な力（「権力」）が生まれたのである。

あの年の若者たちの運動から五年以上が経った今、日本において民主主義の再創造は進んだのであろうか。同年九月、全国に広がった反対の声が国会を包囲するなかで、安保法制は政権与党の強行採決によって成立し、SEALDsも翌年の夏には解散した。運動は終息し、形骸化した「数の政治」へのシニシズム、そして格差と貧困、分断の広がる社会への断念が再びこの国を覆い、以前と同様に「暗い時代」が続いているようにも見える。しかし、運動によって創出された新しい政治文化が社会に変化をもたらし始めたことも確かだと思う。

文化社会学者の中西新太郎も述べているように、「私はこう思う」と、「私」の意見を社会に向かって表明すること（中西、二〇一九）、それは日本ではとりわけ勇気の要る行動だが、スマートフォンやSNSの普及によって、そうした個人の行動が比較的容易になり、ネット上の世論形成が現実的な影響力をもつようになった。二〇二〇年五月には、内閣の判断で検察官の定年延長を可能とする検察庁法改正をねらう政府に対して、「#検察庁法改正案に抗議します」という一人の会社員の投稿をきっかけにして、次々に反対の意思を表明する「ツイッターデモ」が瞬く間に巨大なうねりとなってネット上に広がり、同法案は廃案に追い込まれた。ネット上の政治的な意思形成については危うさも課題も大きいが、ここでは新たなコミュニケーション技術と結びついて、二〇一五年以降の新しい政治文化が実際に政治を動かす力となりつつあることがわかる。その点で、民主主義の再創造の一つの局面が開かれたと見ることができよう。そして同時に明らかになっているのは、人びとが望ましいと思う「生き方」と既成の政治との著しい乖離である。

本節では、「他人に負けないように頑張る」よりも「のんびりと自分の人生を楽しむ」ことを

「望ましい生き方」とし、コンサマトリー化とともに「幸福」度を高めてきた若者の経験の意味と可能性について、デューイの議論を念頭において検討した。見てきたのは、不安定であっても仲間との関係を優先してフリーターという生き方を選択する若者たちであり、自分の生活に立脚して「私」の意見を社会に向けて表明する若者たちの政治的活動であった。いずれも全体から見れば少数派の若者たちだが、道具的能力主義からの転換という全般的な価値転換のなかで、この若者たちは、この価値転換とともにある「具体的な人間経験とその潜在的可能性」を、それぞれの「生き方」として垣間見させるものであった。とはいえ、この若者たちの生き方は、今の日本を依然として支配する人間を道具化するシステム、その政治と経済の実態において、周辺化され、分断され、排除される危険性もまた大きい。はるかに望まれる「生き方としての民主主義」は、こうした若者たちの生き方に潜在する可能性が「生活の常識」となる民主主義であり、それを保障する政治制度でなければならないであろう。

〔引用文献〕

アーレント、ハンナ（二〇〇五）、『暗い時代の人びと』阿部齊訳、筑摩書房（原著、一九六八年）

――――（一九九四）、『人間の条件』清水速雄訳、筑摩書房（原著、一九五八年）

NHK放送文化研究所（二〇一三）、『NHK　中学生・高校生の生活と意識調査　２０１２』

大澤真幸（二〇〇八）、『不可能性の時代』岩波書店

――――（二〇一一）、「『幸福だ』と答える若者たちの時代」『ａｔプラス』07号、太田出版

コック、ハル（二〇〇四）、『生活形式の民主主義』小池直人訳、花伝社（原著、一九四五年）
新谷周平（二〇〇七）、「ストリートダンスと地元つながり」、本田由紀編『若者の労働と生活世界』大月書店
千石　保（一九九一）、『「まじめ」の崩壊』サイマル出版会
――（一九九七）、『「モラル」の復権』サイマル出版会
豊泉周治（二〇一〇）、『若者のための社会学』はるか書房
内閣府（一九九五～二〇一九）、「国民生活に関する世論調査」
――（二〇〇九～二〇一一）、「国民生活選好度調査」
――（二〇一二～二〇一四）、「生活の質に関する調査」
――（二〇一八）、「我が国と諸外国の若者の意識に関する調査」
――（二〇一九～二〇二〇）、「満足度・生活の質に関する調査」
中西新太郎（二〇一九）、『若者は社会を変えられるか？』かもがわ出版
パーソンズ、タルコット（一九七三）、『社会構造とパーソナリティ』武田良三監訳、新泉社（原著、一九六四年）
真木悠介（一九七一）、『人間解放の理論のために』筑摩書房
――（一九八一）、『時間の比較社会学』岩波書店
溝部明男（一九七九）、「パーソンズのＡＧＩＬ図式――その形成における基本的問題」、『社会学評論』第三〇巻第二号
見田宗介（一九九六）、『現代社会の理論』岩波書店

——（二〇〇六）、『社会学入門』岩波書店
——（二〇一八）、『現代社会はどこに向かうか』岩波書店
——（一九九五）、『現代日本の感覚と思想』講談社
ミード、ジョージ・H（一九九五）、『精神・自我・社会』河村望訳、人間の科学社（原著、一九三四年）
村上泰亮（一九七五）、『産業社会の病理』中央公論社
古市憲寿（二〇一一）、『絶望の国の幸福な若者たち』講談社
リースマン、デイヴィッド（一九六四）、『孤独な群衆』加藤秀俊訳、みすず書房（原著、一九五〇年。本書では二〇一三年の改訂訳版ではなく、旧版から引用）
Dewey, John（1925）, *Experience and Nature*, LW.vol.1（『経験と自然』河村望訳、人間の科学社、一九九七年）
——（1927）, *The Public and Its Problem*, LW.vol.2（『公衆とその諸問題』植木豊訳、ハーベスト社、二〇一〇年）
——（1939a）, *Freedom and Culture*, LW.vol.13（『自由と文化・共同の信仰』河村望訳、人間の科学社、二〇〇二年）
——（1939b）, Creative Democracy-The Task Before Us, LW. vol.14.
なお、デューイからの引用箇所は後期著作集（*The Later Works of John Dewey*, SouthernIllinois U.P.：LW）の該当する巻の頁数で示した。訳文は豊泉。
WHR（2012）, *World Happiness Report*, https://worldhappiness.report/ed/

第3章

デンマークが目指す「架橋する社会」

1　デンマーク型フレキシキュリティ

「デンマークの奇跡」

第1章では、「世界一幸福」とされるデンマーク人の高い幸福度がデンマークの福祉国家政策の「現代化」を背景とするものであること、そして今日、そうした政策の発展が社会的投資福祉国家のモデルとして、EUレベルでの政策目標となっていることを述べた。一方、第2章では、経済成長の停滞が続いた二〇〇〇年代以降、格差や貧困にさらされながらも幸福感を高めた日本の若者に注目して、その理由をコンサマトリー化の概念によって説明するとともに、その限界と潜在的可能性について述べた。いずれも「幸福」をめぐる議論ではあるが、問題状況はまったく異なっていた。端的にいえば、両国のこの違いは、幸福（well-being）を保障する政治、幸福の増進を図る政策と制度の有無にある。本章では、後に社会的投資福祉国家と呼ばれることになるデンマークの政策と制度がどのように形成され、どのように発展し機能したのかを、とくに若者の雇用と教育に関わる点を中心に追究する。第1章でも若干ふれたように、それは一九九〇年代に「デンマークの奇跡」として注目された、「アクティベーション activation（活性化）」と呼ばれる政策転換から始まった。その後の三〇年間は、日本のいわゆる「失われた三〇年」と重なる。デンマークにおける福

図表７　失業率の推移（デンマーク、OECD 諸国全体）

デンマーク	1991	1993	1995	1997	1999	2001	2003	2005	2007	2009	2011	2013	2015	2017	2019
15～24歳	11.5	14.6	9.9	8.1	10.0	8.4	9.2	8.6	7.5	13.5	16.4	14.8	12.2	12.4	10.1
25～64歳	8.7	10.1	6.4	4.9	4.3	3.8	4.8	4.0	2.7	5.1	6.3	6.2	5.2	4.7	4.0

OECD諸国	1991	1993	1995	1997	1999	2001	2003	2005	2007	2009	2011	2013	2015	2017	2019
15～24歳	12.6	14.4	14.3	13.5	12.7	13.3	14.7	14.1	12.6	17.2	16.8	16.5	14.1	12.3	11.7
25～64歳	5.3	6.4	6.2	5.8	5.6	5.6	6.2	5.8	4.9	7.2	7.0	7.0	6.0	5.2	4.7

出所：OECD. Stat から作成

祉国家の「現代化」に関わるこの三〇年間の諸議論は、日本の幸福の「失われた三〇年」を考えるにあたって、「幸福の国」へと到達するための社会学的な、そして政治学的な想像力を喚起するものであろう。

「デンマークの奇跡 Danish miracle」という言葉は、一九九〇年代の終わり頃から西欧社会の雇用動向を語るときに聞かれるようになった。一九六〇年代にスウェーデンとともに成熟した福祉国家のモデルとなったデンマークだったが、一九七三年の石油ショック以降まっ先に「福祉国家の危機」に見舞われ、かつての「完全雇用」から一九九〇年代前半のピークまで、ほぼ二〇年間にわたって継続的な失業率の上昇に苦しんでいた。ところが、一九九〇年代半ば以降、多くの西欧諸国で厳しい雇用環境が続くなかで、デンマークはめざましい雇用回復の軌道に入ったからである。ここではOECDのデータをもちいて、デンマークの若年層（一五～二四歳）とそれ以上の年齢層（二五～六四歳）の失業率の推移をOECD諸国全体の平均と比較して、「雇用の奇跡」を確認しておこう。一九九三年のピーク時においてOECD諸国の平均値をやや上回っていたデンマークの失業率は、OECD諸国の失業率がその後も高い水準で推移したのに対して、世界金融危機に見舞われるまで、一〇数年間にわたって顕著な低下傾向を続けたのである。

では、デンマークにおいて、何が「奇跡」の鍵となったのであろうか。二つの表（図表7）を見て気づくのは、デンマークにおいてもOECD諸国においても若年層の失業率がより深刻であったが、一九九三年以降、その後も高い失業率の続いたOECD諸国とは異なり、デンマークでは若年層の失業率が大きく低下したことである。二六歳以上の年齢層においてもデンマークの失業率はOECD諸国よりも低下したが、その差は若年層とくらべるとずっと小さい。要するに、デンマークの「奇跡」とは若年失業率の大幅な減少の結果だったのであり、ここで問われるべきことは、デンマークがいかにして若年失業の問題と闘ったのか、ということである。実際、デンマークでの若年失業問題の発生は早く、成熟した福祉国家において「問題の誕生」は初めから社会政策的、政治的関心の下にあった。常に「自己責任」が問われる日本とは異なり、この点をデンマークの労働市場政策研究者、T・ブレッドゴーとH・ヨアンセンは、次のように述べた。

「失業率の上昇は、若者の失業と成人の失業との格差の拡大をともなっていた。したがって若年失業は、一九七〇年代を通じて独立した社会政策の問題領域として『誕生した』のである。それは、世代間の格差、若者のマージナル化（縁辺化 marginalisation）と排除、最悪の場合には、すべての若者世代の社会的不満と過激化へと通じる諸傾向に対して、これに対抗するために特別な政治的注目と活動を要求する問題領域である。」（Bredgård and Jørgensen. 2000, p.7）

石油ショック後の社会変動と雇用危機は、新たに社会に参入する若者たちにまっ先に、より深刻に襲いかかり、若者たちをマージナル化と社会的排除の危険にさらし、社会統合の危機を招きかねない問題と見なされた。一九九〇年代半ば以降のEU諸国に共通する若者問題への政策的関心が、こうしてデンマークでは、それらの諸国に先駆けてかなり早い時期に成立したことがうかがえる。

実際のところ、一九八二年の中道左派から中道右派への政権交代、一九九三年の中道左派の政権復帰という政治体制の変動のなかで、一九七〇年代末から一九九〇年代へと続くデンマークの若年失業への政策的対応を見通すことは、かなり複雑な問題である。だが、上記二人の論文を参照すれば、青年期の若者の社会への移行をサポートする「教育とアクティベーション」がそのキーワードとなることがわかる。一九八二年まではケインズ主義に基づく公的セクターによる雇用創出をベースに、そして中道左派が政権復帰した一九九三年までは逆に新自由主義に基づく「市場の解決」へのシフトを背景に、政権交代後の一九九三年からは「包括的な労働市場改革と新たなケインズ主義的政策ミックス」の大胆な導入の下で、政策的対応が探られた。そして「教育とアクティベーション」は、そうした変化を通じて、しだいに若年失業問題の、さらには雇用問題一般の中心に位置づけられるようになったのである。

とくに、一九九三年からの中道左派政権による一連の労働市場改革が画期になったとされる。上記論文によれば、その改革は「受動的な失業給付金から、社会政策と労働市場政策の融合による積極的な労働市場政策への変化」であり、「標準化された柔軟性を欠く職業・教育プログラムから、必要性に合わせた、個人化され脱集権化されたアクティベーション政策への変化」であり、「一般的な失業政策から、目標集団（つまり若者と長期失業者）に合わせた政策への特化」であった

(ibid., p.13)。そして一九九六年、若者向けの根本的な改革として「若者失業プログラム」が実施された。同プログラムの概容は、以下のように説明される。

「改革全体の目的は、失業した若者、低学歴の若者の雇用可能性を強化することであり、彼ら彼女らを教育へと動機づけることであった。中等教育以上の公教育未終了の二五歳以下の若者、そして過去九か月のうち六か月間失業中であった若者には、特別に設計された一八か月の職業教育が提供される。特別教育プログラムに参加中、失業給付金が五〇%にカットされるという事実は、(失業を脱して――豊泉) 普通教育を受ける意欲や正規の職を探す意欲を強く引き出すことになる。プログラムへの参加拒否は、失業給付金を失う結果となる。」(ibid., p.14)

「すべての者がアクティブ (active) であれ!」という、このプログラムの趣旨は、名高い北欧の「ウェルフェア」(社会福祉 welfare) が、あたかもアメリカ流の「ワークフェア」(勤労福祉 workfare) に、つまり勤労という条件付きの社会的給付へ (「福祉から労働へ」) と転換したかのようにも聞こえる。実際にそうした批判も少なくなく、その種の転換こそがデンマークの「奇跡」の真実だとする見方もあったが、第1章で述べたように、今では「人びとへの投資と社会的排除との闘い」(リスボン戦略) の先駆けとして、福祉国家の「現代化」の側面が強調されるようになった。ヨアンセンが述べるように、「社会的訓練 social discipline」と「社会的統合 social integration」との区別を踏まえれば、このプログラムの特有の意義が明確になる。つまり、ここでのアクティベーション政策は、一方では「労働を受容する意欲の大きさを強調する新古典派流のアプローチ」であり、その点で「社会的訓練の形式」と見られるが、同時にそれは、「個人に的をしぼった教育訓練」であり、「個人アクション・プラン individual action plan」を通じて「社会的統合」を図る政策として構築されたのである。なぜなら、「失業と結びついた社会問題や固有の排除メカニズムは、受動的なサポートによっては解決が期待できない」からである。「この点で、社会的統合は労働市場政策の核心なのである」(Jørgensen, 2002, p.178)。

若者の「教育とアクティベーション」を中心とした一九九三年以降のデンマークの社会政策が、その根本において、社会的排除の危険にさらされる若者に注目しつつ、一人ひとりの若者の社会への移行(社会的統合)の課題を克服しようとするものであったことがわかる。その点で、アクティベーション政策は義務的であるとともに個人の権利であり、国家の責任でもあることをヨアンセンは強調している。「国家は人びとに権利を与え、個々人の事情をすべて市民権の観点から配慮する。国家は積極的に社会的包摂の責任を引き受けるのである」(ibid., p.258)。

フレキシキュリティとは何か

こうして一九九三年以降、デンマークでは若年失業率の顕著な低下とともに全年齢層の失業率も低下し、やがて「デンマークの奇跡」と呼ばれるようになった。その鍵として注目されたのが、アクティベーションであり、積極的労働市場政策だったのである。そして二〇〇〇年代になると、そのめざましい成果と堅調な経済発展は、「フレキシキュリティ flexicurity」のデンマーク・モデル

（デンマーク型フレキシキュリティ）として、国際的な関心を惹くことになった。

日本では一般にはなじみのない言葉だが、「フレキシキュリティ」とは「フレキシビリティ flexibility（柔軟性）」と「セキュリティ security（保障）」とを結合した造語である。もともと一九九〇年代のオランダの労働法制改革をめぐる議論のなかから生まれた言葉であり、その眼目は、急速に進行する雇用の柔軟化と不安定化に対して、その波にさらされる派遣労働者やパートタイム労働者などの雇用と生活をどのように保障するかであった（大和田、二〇〇九）。要するに、これまで矛盾すると考えられてきた労働市場の柔軟性と雇用と生活の保障とを結合し、経済環境の変化に柔軟に対応できる労働市場と雇用保障とをともに実現しようというのである。この考え方が二〇〇〇年代に入ってEUレベルでの経済・社会政策のキー概念となり、この難しい課題に対して、デンマークの積極的労働市場政策が「最良の実例」として引かれるようになった。「フレキシキュリティのデンマーク・モデルの成功は、しばしば自由市場経済に帰される労働市場の柔軟性と、スカンジナビアの伝統的な福祉国家の社会的セーフティ・ネットとを結合する『第三の道』を指し示している」とされたのである（Madsen, 2005, p.8）。

引用は、デンマークでのフレキシキュリティ研究を主導したP・K・マーセンの論文からだが、マーセンらデンマークの研究者たちは、こうした評価に対してそのまま同調したわけではなかった。むしろくり返し論じられたのは、上記のアクティベーションとワークフェアとの相違であり、「第三の道」というイギリスのニュー・レイバー（ブレア政権）の政策（ニューディール）とデンマーク型フレキシキュリティとの相違であった。

図表８　デンマーク型「フレキシキュリティ・モデル」

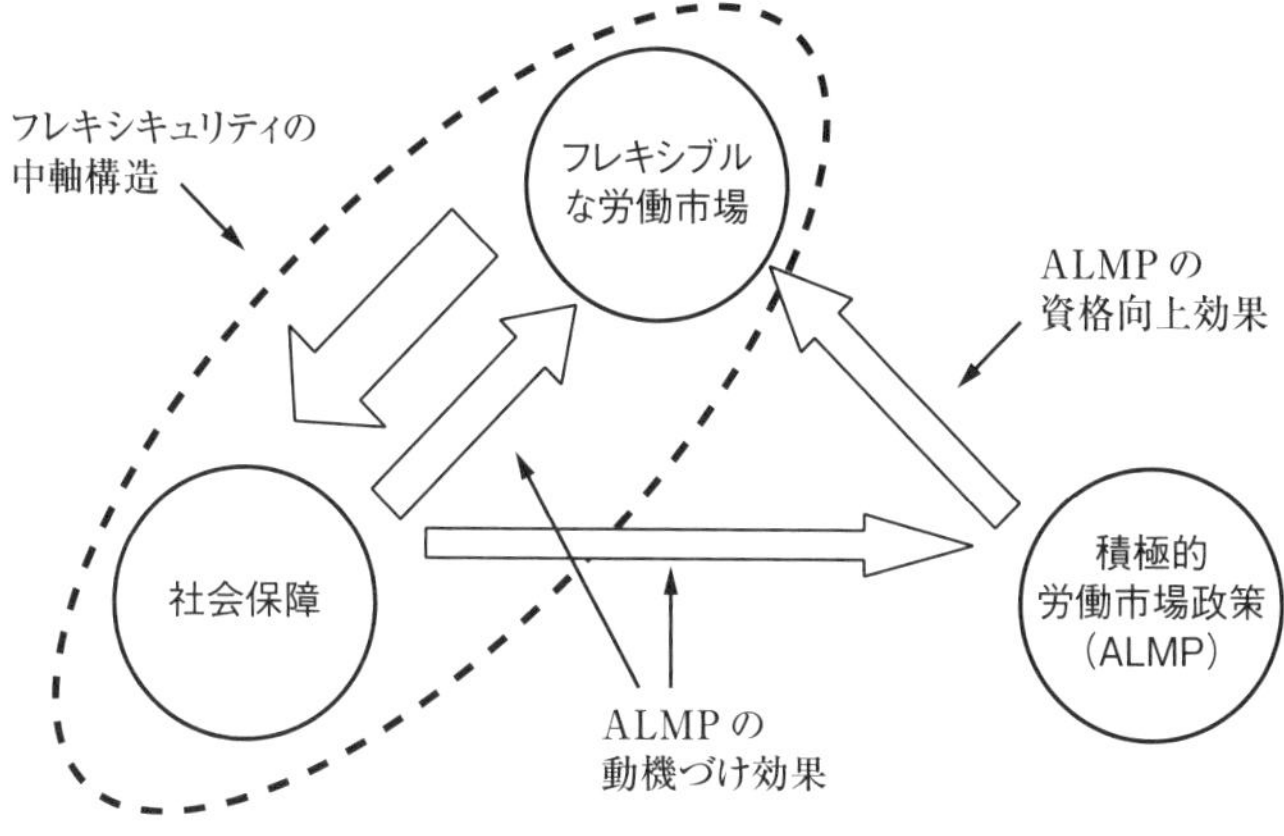

出所：Madsen, 2006, p.9

一般にデンマークの研究者が自国のフレキシキュリティを説明する際にしばしば提示するのが、「黄金の三角形」と呼ばれる上記の図である（図表８）。図を参照しながら、ニューディールとフレキシキュリティとの相違を三点にわたって主題的に論じた、Ｊ・アナーセンとＤ・イーサリントンの議論を見ておこう（Andersen and Etherington, 2005）。

アナーセンらによるニューディール批判は、雇用と雇用適格性に偏った包摂政策では福祉が残余的なものになり、その結果、福祉の抑制と削減によって生活の社会的再生産が危機に陥り、社会的排除が固定化されるという指摘であった。これに対し、イギリスよりも先に労働市場のアクティベーションを推し進めたデンマークでは、アクティベーション政策によって福祉制度の普遍主義的性格が揺らぐことはなかった。この点が第一の要点である。図の破線で囲まれた部分がこれに当たり、デンマーク型の「フレキシキュリティの中軸構造」を形成しているという。矢印は人びとの移動を示す。デンマーク人は相対的に雇用保護の弱い自由な労働市場でフレキシブルに、つまり解雇・失業も含めて仕事を頻繁に移動しながら働き、一方、この失業や移動に関わる危険やコストは福祉国家の手厚い社会保障によって全面的に負担され、人びとの失業や移動への不安は少ない。それは、福祉国家と結合したデンマークの自由な労働市場の特徴であり、長い歴史的経過の下で労働と資本（「社会的パートナー」と呼ばれる）および国家との間で成立したデンマークのコーポラティズム（協調政策決定主義）の伝統に基づくものだとされる。つまり、そうした中軸構造は労働組合の労働市場に対する規制力を前提とするのであり、コーポラティズムの伝統の下、その規制力が依然として持続している点が、ニューディールとは異なるデンマーク型フレキシキュリティの第二の要点なのである。

そうした歴史的伝統としてデンマークでしばしば言及されるのが、一八九九年の「九月の妥協」と呼ばれる労使間の合意、コーポラティズムの原点であり、さらに国家が教育も含めて包摂の責任を負うとした一九六〇年代の失業給付制度の改革である。一九九〇年代のアクティベーション政策（積極的労働市場政策 Active Labour Market Policy：ALMP）はこの伝統に支えられて成立したものであり、その点で、アナーセンらは新たな政策というよりも一九六〇年代の包摂政策に由来する新たな展開、「包摂の再発明」だとしたのである。

さて、図の右側の二本の矢印が一九九〇年代のアクティベーション政策によって加えられた人びとの移動である。失業によって社会保障内に移動した人びとが教育・訓練へと動機づけられ、教育と職業訓練の多様なプログラムへの参加を通して資格と技能を向上させ、フレキシブルな雇用の場に復帰する。そうした新たな流れが従来の中軸構造に組み込まれたのである。一九九六年の「若者失業プログラム」導入時点で見れば、失業後二年以内（その後一年に短縮）、二五歳以下の若者の場合は六か月以内に就労できない場合には、失業者に対して、個々人の必要に応じて作成される「個人アクション・プラン」が提案され、人びとはそれに従ってアクティベーション・プログラムに参加し、資格の向上や再就職を目指すことになった。ニューディールと異なるのは、ここでは個人の資格・技能の向上（アクティベーション）が包括的な社会保障の流れ（破線部分）を補完し、社会的包摂を内部から活性化する仕組みになっている点である。「デンマークでは、アングロ・アメリカ流の『ワークフェア戦略』ではなく、『人的資本 human capital』に依拠するアクティベーション戦略が選択されたのである」（Bredgård, Larsen and Madsen, 2005, p.35）。そしてプログラムの内容と条件もまた、各自治体における社会的パートナーたちの「社会的対話」によって協同決定された。

デンマーク型フレキシキュリティの第三の要点は、こうした自治体レベルでの政策決定と実施である。イギリスのニューディールの場合、地方のプログラムは中央政府によって厳格に制御され、自治体の役割は政策の力学のなかで「より周辺的な役割」にとどまった。一方、デンマークのアクティベーション政策においては、地方自治体は社会的パートナーとして政策決定に関わり、プログラムの提供や個人アクション・プランの作成など、実施に責任を負うことになる。アナーセンらによれば、こうした自治体の役割には政策実施の「脱集権化」にとどまらない方向性が内在していたという。つまりアクティベーション政策は、「供給側」つまり労働者にとって、それが権利と義務であるというだけでなく、他方では地域の企業など「需要側（雇用主）がより包摂的であること」もまた求められたというのである。そこで目指されるのは、社会的排除と闘う「社会的に包摂的な労働市場」の促進であり、それは社会的パートナーたち（労働組合、企業、地方自治体）の「協同的な社会的責任」だと見なされた。その際のアクティベーションの焦点は、もはや需要側（雇用主）の批判する供給側（労働者）の「依存の文化、意欲の欠如、人的資本の欠如」ではなく、「労働市場の外部ないし周縁の市民たちに向けて、『ドアを開く』需要側の能力（ケイパビリティ）」であるという（Andersen and Etherington, 2005, p.30）。個人の能力（アビリティ）としての「雇用適格性（エンプロイアビリティ）」が能力の有無による包摂／排除の関係を内在させているのに対して、ここでは包括的な社会関係の側での包摂の能力（ケイパビリティ）が問われたのである。

フレキシキュリティの振り子

ここまで、ニュー・レイバーの「第三の道」との相違に焦点を当てたデンマーク側の研究者の議論に依拠して、デンマーク型フレキシキュリティとは何かについて見てきた。それは、ワークフェアに反転するニュー・レイバーの政策とは異なる方向に向かって社会的包摂の課題を克服しようとするものであり、一九七〇年代からの「福祉国家の危機」と一九八〇年代の新自由主義化に対処する、福祉国家の「現代化」の局面であったと見ることができる。だが、左派と右派との間で「振り子」のように政権が交代するデンマークの実際の政治過程において、フレキシキュリティ政策の内実もまた揺れ動くことになる。一九九三年から中道左派政権が上述のようなフレキシキュリティ政策を推進したが、二〇〇一年には再び政権交代が行われ、その後の中道右派政権下のフレキシキュリティ政策は新自由主義的な色彩を強めた。

二〇〇〇年代後半になると、デンマーク国内においてもデンマーク・モデルの変質に対する厳しい批判が生まれた。なかでも、マーセンとともにデンマーク型フレキシキュリティの研究を主導した前出のH・ヨアンセンは、「美しい白鳥からみにくいアヒルの子へ」と題して、二〇〇三年以降におけるデンマークのアクティベーション政策の変質を辛辣に批判した。一九九〇年代に誕生したアクティベーション政策においては、「雇用の柔軟性を増すことよりも技能を改善すること、給付の見返りとして就労よりも訓練と教育を供給すること、……そうした能力形成がデンマーク型の根本的要素であった」(Jørgensen, 2009b, p.349)。ヨアンセンは、本来のデンマーク型アクティベーションを、給付の見返りに就労を義務づけるワークフェアではなく、労働市場という社会に飛び立つために「翼の保障」を目指す「ラーンフェア learn-fare（学習福祉）」だとしたのである。

「翼の保障」とは、スウェーデンにおいて一九五〇年代からR・メイドナーとともに積極的労働市場政策による社会保障を提唱したG・レーンの言葉であり、「殻の保障」に対置してもちいられる(「殻の保障」から「翼の保障」へ)。比較政治学の宮本太郎によれば、二〇世紀型社会保障は「殻の保障」という性格が強かった。そこでは失業や困窮などのリスクが現実になったとき、失業手当や公的扶助などによって身を潜める「殻」が提供される。これに対して「翼の保障」は、人びとが社会参加を続けることを困難とするより多様なリスクを対象として、困難から脱却し社会とつ

図表9　「黄金の四角形」

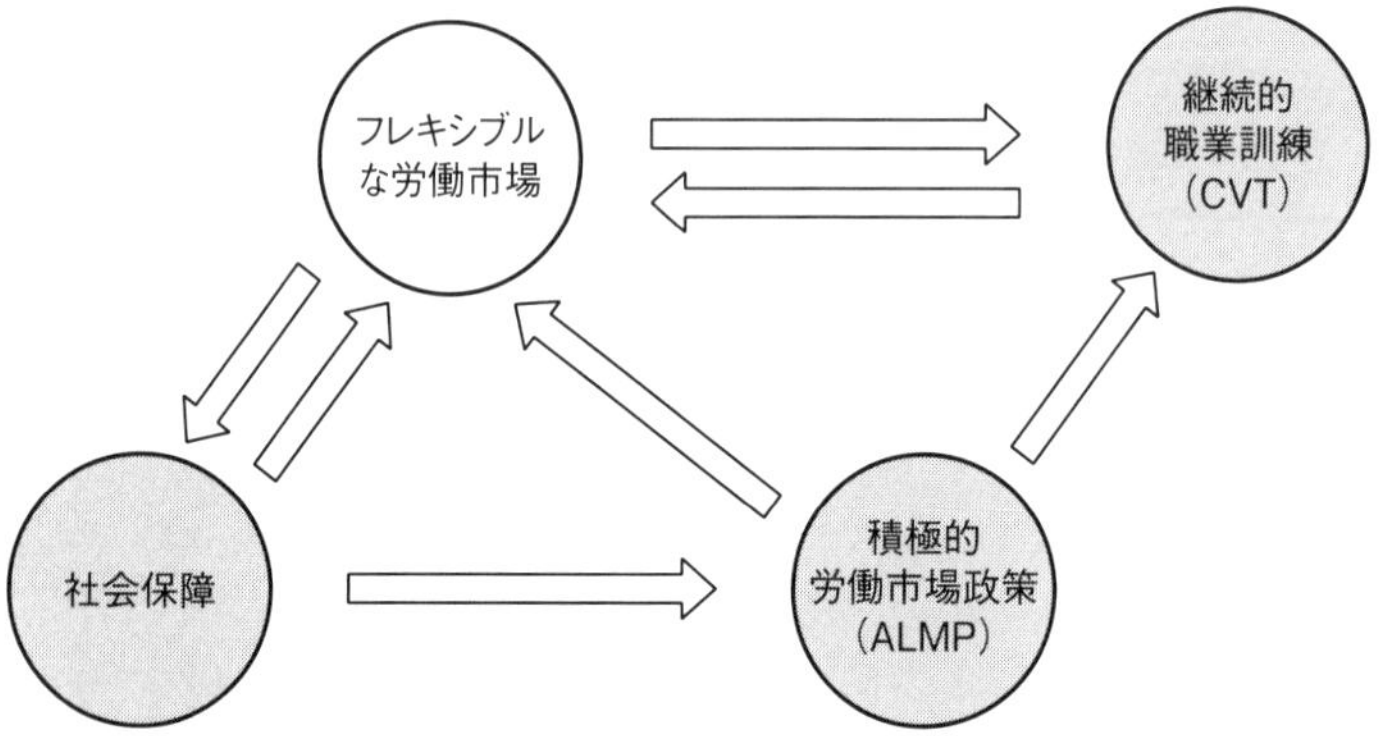

フレキシブルな労働市場
継続的職業訓練（CVT）
社会保障
積極的労働市場政策（ALMP）

出所：Jørgensen, 2009a, p.37

ながり続けるための「翼」を提供する。「そのための手段となるのが、生涯教育、職業訓練、保育サービスなどの公共サービスと、教育・訓練や出産・子育てなどの期間を支える所得保障なのである」（宮本、二〇〇九、一七一～一七二頁）。ヨアンセンによれば、「翼の保障」を「根本的要素」とするデンマーク型フレキシキュリティは、上述の「黄金の三角形」にさらに継続的な職業訓練という第四の頂点を加えて、「黄金の四角形」として図示される（図表9）。ところが、「翼」をもつ「美しい白鳥」として称賛されたデンマーク型のアクティベーションは、二〇〇三年以降、変質を始め、いまや「個々の失業者への良質で魅力的な提案ではなく、一種の〝強迫〟であり、むしろ人びとが回避したいもの」、「みにくいアヒルの子」に変わったというのである(Jørgensen, ibid., p.356)。

　実際に二〇〇三年からどのような変化が起こったのであろうか。二〇〇一年に政権に就いた自由党・

保守党の中道右派政権は、二〇〇二／二〇〇三年に「より多くの人びとを就労へ More people to work」と呼ばれる新たな労働市場政策を開始した。ヨアンセンによれば、それは従来のアクティベーション政策からの転換を公言することなく、市場化と競争という新自由主義の政治的・行政的な手法によって、ラーンフェアをワークフェアへと置き換えることに成功したという。もっとも象徴的なのは、それまで失業時に個人ごとに作成された多様なアクティベーション・プログラム（「個人アクション・プラン」）が、これ以降、早期に仕事を見つけることを目的とする「ジョブ・プラン」に変わったことである。技能・能力の改善のために教育をもっとも重要な手段としたデンマークの「人的資本アプローチ」（ラーン・ファースト）は、経済的な動機づけと厳しい罰則によって労働供給の拡大を目指す伝統的な「就労優先アプローチ」（ワーク・ファースト）へと方向転換された。それまで三〇以上もあった多様なアクティベーション・プログラムは、労働市場と直結したわずか三つ（ガイダンスと教育プログラム、企業での現場実習、賃金補助による採用）に縮小され、失業者は労働市場との適合性によって五つのカテゴリーに分類され、労働市場への早期復帰が図られたのである。

その後も政策変更は続き、二〇〇八年には失業手当の受給者には週四件の求職活動が義務化され、他方で二〇一〇年には失業手当の給付期間が四年間から二年間に短縮されるなど、「ワーク・ファースト」がいっそう明白になった。またアクティベーション・プログラムの運営も二〇〇七年には、労働者側と使用者側の代表および自治体との合議体制から自治体に新設された就労センターの行政的な管理に一元化されて、失業者の自己責任が強調されるようになった。こうして、デンマークにおけるフレキシキュリティの振り子は新自由主義へと大きく振れた。「誰もが、労働条件や提示された仕事のタイプに関係なく、賃労働を無条件によいものとして受け入れなければならない。……簡単にいえば、市場への依存が推奨され、失業者の福祉国家への従来の依存に取って代わることになったのである」（ibid., p.357）。ヨアンセンはこのように述べて、「ここでは幸福なアクティベーションの日々は過ぎ去った。……美しい白鳥なら、どこか別のところを捜した方がよいだろう」（ibid., p.363）と、論文を結んだ。

ヨアンセンの言葉は辛辣だが、上述のように、デンマーク・モデルがワークフェアの方向に大きく揺れたことは間違いない。この傾向は、二〇〇七年からの世界金融危機の深まりのなかでいっそう顕著になった。フランスの労働市場政策研究者、B・ガズィエは、「現在の危機が始まって以来、〝フレキシキュリティ〟はいまやフレキシビリティ（柔軟性）の行動計画への不当な譲歩と考えられる」として、新自由主義へと大きく振れたフレキシキュリティの振り子に警鐘を鳴らした（Gazier, 2010, p.25）。ガズィエによれば、この間、ＥＵ雇用戦略の最前線に躍り出たフレキシキュリティは、市場原理に基づくフレキシビリティと人間開発を目指すケイパビリティ（潜在能力）という両極の中間に立って、両者の平衡を目指して主要な役割を担ってきた。ところが、金融危機の「嵐」のなかでバランスは大きくフレキシビリティの方に傾いた。それに対してガズィエは、「移行的労働市場」の行動計画をフレキシキュリティとケイパビリティとの間に位置づけて、フレキシキュリティの軌道修正、その振り子を揺り戻すことを提案したのである。

では、移行的労働市場とは何か。次節では、移行的労働市場の概念について検討する。

2 移行的労働市場の概念

「完全雇用」の再定義

「移行的労働市場」という概念は、日本ではごく限られた研究者以外にはなじみのない概念だが、一九九〇年代の半ばに、ドイツの経済学者、G・シュミットを中心とするベルリン社会科学研究センターの研究者によって提唱され、その後しだいに西欧諸国の労働市場政策の研究に浸透した。今では社会政策の新たな方向づけを目指すEUレベルでの議論の一つの焦点となっており、EUによる「ヨーロッパ型社会モデル」を探るキー概念の一つでもある。ここではシュミットの所説によりながら、移行的労働市場とは何か、その意義と可能性について、日本の労働市場の現状とも対照しながら検討したい。議論の出発点となるのは、「完全雇用」の再定義という問題である。

「完全雇用」というと、今の日本では高度成長の頃の古きよき時代の話題と受けとられそうだが、実は二〇一七年頃から、日銀総裁をはじめとする日本の主要なエコノミストは、日本経済の現状分析にあたって「ほぼ完全雇用が実現している」との説明をくり返してきた。実際にOECDの統計（図表10）から確認できるように、日本の完全失業率は、二〇一七年以降、三％を下回る水準にまで低下し、W・H・ベヴァリッジのいう「完全雇用」の水準に達していたのである。周知のように一

図表10　失業率の推移（日本、ドイツ）

日本	1991	1993	1995	1997	1999	2001	2003	2005	2007	2009	2011	2013	2015	2017	2019
15～24歳	4.5	5.1	6.1	6.6	9.3	9.7	10.2	8.6	7.7	9.1	8.0	6.9	5.5	4.6	3.7
25～64歳	2.1	2.6	3.3	3.5	4.9	5.2	5.4	4.6	4.1	5.3	4.6	4.3	3.5	3.0	2.5

ドイツ	1991	1993	1995	1997	1999	2001	2003	2005	2007	2009	2011	2013	2015	2017	2019
15～24歳	5.4	7.6	8.2	10.2	8.6	8.3	10.6	15.2	11.7	11.0	8.5	7.8	7.2	6.8	5.8
25～64歳	5.6	7.9	8.2	9.9	8.5	7.9	9.4	11.3	8.7	7.8	5.9	5.3	4.7	3.8	3.2

出所：OECD. Stat から作成

九四二年の『ベヴァリッジ報告』は、イギリスだけでなく、第二次世界大戦後の西側諸国全般に対して「福祉国家」への道を指し示し、これを切り開く原動力となった。そこでは、経済成長と「完全雇用」そして社会保障とを一体的に推進するために経済政策と社会政策との連携が図られたが、なかでも「完全雇用」の実現が「福祉国家」の眼目とされた。ところが、「ほぼ完全雇用」の水準にまで再び失業率を低下させた日本には、ベヴァリッジのいう「福祉国家」の様相とは異なり、「幸福」とはかけ離れた現実が広がっている。経済成長は長期にわたって停滞し、社会保障の抑制が続き、さらに雇用の不安定化・劣化が常態化し、格差と貧困が顕著に増大した。ベヴァリッジの追究した「完全雇用」の機能が失効し、反転していることがわかる。次項で述べるが、シュミットによる「完全雇用」の再定義と移行的労働市場の提唱は、この日本のいっけん不可解な「完全雇用」の逆説を説明するものでもある。

　シュミットの故国ドイツ（西ドイツ）も、かつては日本をしのぐ「完全雇用」の国として、石油ショックの時期まで一％を割るほどの低失業率と経済の高度成長を誇っていた。しかし、石油ショック以降、ドイツは他の欧米諸国と同様に失業率を急上昇させて、並の高失業率の国となり、一九八〇年代後半にいったん低下させたものの、東西統一を機に再び急上昇させて、一九九〇年代半ばには、高失業率に苦しむ西欧諸国を代表する国の一つになっていた。一九九〇年代のドイツの失業率のピークは一九九七年の九・九％であり、シュミットが初めて移行的労働市場の概念を提唱したのは、そのような時期であった。他の西欧諸国においても事態はさらに深刻であった。シュミットから引用すれば、当時（一九九八年四月）、EU一五か国の失業率は一〇・二％（全年齢）であり、若者（一五〜二四歳）の場合には二〇％にも達していた。シュミットが、「労働市場への十全な参加による社会的統合」、すなわち「社会の大部分の成員にとって基本的なこの市民権を達成することは、もはや発達した資本主義社会には不可能のように見える」（Schmid, 1998, p.1）と述べたのも、けっして誇張ではなかった。

シュミットは、伝統的な意味での「完全雇用」を「後ろ向きのユートピア」であり時代遅れだとしつつも、「労働生活への十全な参加による社会的統合」という「完全雇用」のもつ「規制的な理念」（ibid., p.29）までも放棄したわけではない。ベヴァリッジによる当初の「完全雇用」の定義を引きつつ、シュミットは上記のガズィエとともに、その定義はもともと「怠惰（無為）からの自由」、つまり「求められていない」「自分の生産的能力を行使できない」という社会的排除からの解放を最終目的とするものであったとして、次のように述べている。

「私たちは、ベヴァリッジの足跡に従って、『社会的排除』をたんに常勤の職の欠如、失業手当のような社会的資格からの排除ではなく、それ以上のことを意味すると考える。それはまた、長期にわたって展開するキャリアの見通しをもてないこと、雇用適格性を強化するために必要な資源へのアクセスをもてないこと、そして安全な雇用の見通しを欠くために社会生活のあらゆる領域に十分に参加できないことを、意味するのである。」（Gazier and Schmid, 2002, p.4）

こうしてシュミットは、「完全雇用は社会的統合にとって必要な条件であるが、そのことは、私たちが完全雇用を新たな仕方で再定義するかぎりにおいてのみ可能である」（Schmid, 1998, p.29）として、移行的労働市場の考え方を提案したのである。その内容については次項で検討するが、その前に、なぜ伝統的な「完全雇用」のモデルが老朽化し、「時代遅れ」になったのかを見ておこう。その理由は、「グローバル化」と「個人化」によって説明される。今日、経済活動のグローバル化と情報・コミュニケーション技術の革命によって、社会が劇的に変化し、従来の労働市場の枠組みが大きく変化し、それが大量の失業や社会的排除の原因になっていることは、すでにくり返されてきた議論である。だが、それに加えてシュミットが、これまでほとんど無視されてきたとしてとくに強調するのは、一九七〇年代前半から顕著になる「個人化」にともなう「重大な変化」の方であり、なかんずく労働市場への女性の参加の増大であり、関連して離婚率の上昇、ひとり親家庭の増加、出生率の低下といった諸現象なのである。

何が「時代遅れ」になったのか。シュミットの指摘からすぐに理解できるであろう。「一人の男性の稼ぎ手」というモデルである。「そのモデルにおいては、一人の男性が継続的にフルタイムの雇用に就き、扶養する妻や子どもの生活を支えるのに十分な賃金を得る」（Schmid, 2002a, p.28）ことが期待される。だが、すでにそのモデルは日本の現状に照らしても無理があることがわかる。一九八〇年の時点で日本の専業主婦世帯（男性雇用者と無業の妻からなる世帯）は雇用者の共働き世帯の二倍近くもあったが、逆転して雇用者の共働き世帯が多数派になったのは、もう二〇年近くも前の一九九二年のことである（総務省「労働力調査」）。伝統的な意味での「完全雇用」とは、そうした男性の稼ぎ手「みんな」の雇用（一日八時間、週四〇時間、四〇～五〇年間にわたる雇用）を目指したものだが、それはもはやイデオロギーとしても、実態としても維持できなくなっている。それに対してシュミットは、将来に向けて「前向きのユートピア」を提案する。それは、「男性も女性も同様にすべての人に、人生の行程における特殊な状況や希望に合わせて変化する雇用形態を見いだす機会を与えるような、そうした完全雇用の概念」（Schmid, 2002b, p.174）である。

「私たちの将来の方向づけを、男女とも生涯にわたって平均週三〇時間と定めよう。ただし、実際の労働時間はこれを標準として、人生の行程の経済的な条件や環境に応じて変化させるものとする。このような言い方で『新しい完全雇用』の資格を定めれば、その意味において、完全雇用は可能であろう。いいかえれば、より雇用集約的な成長の目標は、仕事をもつ者の労働時間の削減によってのみ達成できるのであり、そのことはある種の所得の再分配を意味するのである。」（Schmid, 1998, p.4）

雇用・失業問題の解決をほぼ自動的に経済成長の問題として見なしてきた側からすれば、いかにもユートピア的な主張のように思われるかもしれない。だが、高度成長を経て一九九〇年代初めまで四〇年間にわたって相対的に高い成長率を維持し続けた日本が、そして一九八〇年代から二〇年間にわたって、世界経済の成長を牽引し続けたアメリカが現在、「幸福の罠」に悩まされ、相対的貧困率のもっとも高い資本主義国に属することを見れば、経済成長が唯一の鍵ではないことは確かであろう。一方、シュミットも「成長がなければ、すべては無に帰するであろう」と、成長の必要を認めないわけではない。「しかし、成長がすべてではない。……経済と社会の革新（innovation）が手を携えて進まなければならない」とする。「単純に成長に頼ることは、社会の多くの成員の排除につながるだろう。そして、たんに労働の再分配を要求することも十分ではない。二元的な戦略の実施によってのみ、『社会的統合』つまり経済と社会への普遍的参加が確保されうるのである」（Schmid. 2002b, p.175）。

「全部雇用」と分断された労働市場

前節では「男女とも生涯にわたって平均週三〇時間」という「前向きのユートピア」によって、ひとまず移行的労働市場の最初のイメージをとらえたが、それは賃労働時間の「目標値」であって、「移行的労働市場の理論が、『フレキシブルな週三〇時間』というパラダイムに準拠しているわけではない」（Schmid. 2002b, p.176）。もとより議論の核心は「移行的」ということにある。では、いったい「移行的」であるとは、どのような労働市場のあり方を指すのであろうか。さしあたり「移行的」労働市場の対概念を確認しておくならば、それは「分断（セグメント化）された」労働市場であり、そこから生まれる貧困と社会的排除の危険を、移行的労働市場の理論は乗り越えようとするのである。シュミットの理論の全体像を見る前に、本節の冒頭でふれた「ほぼ完全雇用を実現している」とされる日本の労働市場の現状、その分断された現実から出発すると、わかりやすいであろう。

すでに見たように、日本の失業率は一九九〇年代初めまで二％台というきわめて低い水準を続け、その後二〇〇〇年代に五％台まで上昇したものの、リーマン・ショック後に再び低下して二％台を回復した。この「特異なほど」低い日本の失業率の秘密は、経済学者の野村正實がかつて展開した議論を援用すれば、シュミットのいう「伝統的モデル」の特徴と、これと補完的に機能する分断された労働市場の存在によって説明できると思われる。

野村は、日本の失業率の特異な低さの秘密は、日本の企業経営における「全部雇用」と、それを可能にした「縁辺労働力」としての女性の存在にあったという（野村、一九九八）。「全部雇用」というのは耳慣れない言葉だが、戦前も含めて、高度成長以前においても、日本社会が一貫して低失業率であったことを指して、ベヴァリッジの「完全雇用」と区別して、かつて日本の経済学者がもちいた言葉である。それは、「完全雇用」とは異なり、雇用者が最大限の生産性をあげているのでも、賃金に満足しているのでもないが、ともかく職を求める人（男性）が「全部」雇用されている状態だという。なぜ、そうした「全部雇用」（低失業率）が可能であったのか。野村によれば、「もっとも大きな要因は労働力と非労働力とのあいだを往き来している縁辺労働者の存在である。縁辺労働者の主力は女性である。中小企業モデルの女性パートタイマー、自営業モデルの女性自営業主と女性家族従業者が主たる縁辺労働力となる。縁辺労働力が不況期に非労働力化するために、失業は増業率は増加しない、というわけである。

は、不況期に失職すると専業主婦（非労働力）に戻り、職を求める失業者とはならない、だから失業率は増加しない、というわけである。

これが、日本における「完全雇用（全部雇用）」の伝統的モデルということになろう。そこにあるのは、男性の恒常労働力と女性の縁辺労働力との厳格な区分、分断（セグメント化）であり、女性の担う縁辺労働力は、労働力と非労働力との間を往き来して好不況時の調節機能を果たすが、けっして恒常的労働力に移行することはない。「全部雇用」下の女性縁辺労働者は、「主婦」として生活と地位が保障されるなかで縁辺労働を担い、低賃金を甘受したのである。ところが一九九〇年代になると、「グローバル化」の趨勢とも相まって、日本でもシュミットのいう「個人化」にともなう「重大な変化」がこのモデルを変質させた。このモデルの一方の主役は不況期に専業主婦（非労働力）となる女性だったが、一九九〇年代には専業主婦世帯が大きく減少しただけでなく、離婚率や未婚率もまた大きく上昇し、男性の稼ぎ手に依存しない女性が増加し、その女性たちもまた新たな縁辺労働力の担い手となったのである。一方、「グローバル化」の下での規制緩和や雇用構造の見直しによって、男性の「全部雇用」の範囲は大きく縮小し、そこから締め出された男性労働力、とりわけ若者や高齢者は女性とともに縁辺労働力に組み込まれた。野村のいう男性の恒常労働力とその「全部雇用」を背後で支えた女性の縁辺労働力は、こうして「移行」の許されない「分断」を残したまま、男女の枠を超えて、現在の労働市場を二分する正規労働力（正規雇用）と非正規労働力（非正規雇用）へと再編されたのである。

「ほぼ完全雇用」とされる今の日本で拡大する格差と貧困、さらには社会的排除の危険が、この分断された労働市場を主要な要因として生まれていることがわかるであろう。日本の相対的貧困率がOECD諸国のなかでも高い水準にあることはすでによく知られているが、とりわけ母子世帯の相対的貧困率は五〇%を超え（労働政策研究・研修機構の二〇一八年の調査では五一・四%）、OECD加盟国中、最悪の水準にある。「子どもの貧困」によって注目された日本の貧困は、実は母子世帯の貧困であり、「女性の貧困」であった。男性の稼ぎ手に依存する伝統的モデルの内部からその外部へと押し出された母子世帯は、伝統的モデル下の縁辺労働の低賃金構造のままに母親の就労と苦しい生活とを余儀なくされ、いまや「特異なほど」高い貧困率にさらされているのである。「移行」という言葉をもちいれば、それは、伝統的モデルから母子世帯への「移行」にともなう貧困であり、現代の日本において、その種の移行が深刻な危機に陥るリスク（危険）を抱えていることを示すものである。そこに見てとれるのは、日本の伝統的モデル（「全部雇用」）におけるこの「分断」が、「全部雇用」が風化した今も「移行」の困難さとして持続しており、そのことが今日、母子世帯を襲う巨大なリスクの正体であり、さらには蔓延する貧困の根源だということである。

こうして二〇〇〇年代後半からの日本の貧困問題は、まずは「子どもの貧困」であり、続いて「女性の貧困」であり、さらに「若者の貧困」であった。そして「若者の貧困」においてもまた焦点となったのは、「移行」の問題であった。近年、「移行」という言葉が、日本の教育学や社会学の分野で頻繁にもちいられていることに注意を喚起したい。多くは、学校から仕事（就労）への「移行」あるいは「トランジション transition」というかたちでもちいられ、「移行期の変容」や「トランジッションの危機」がさかんに論じられてきた。一般に、二〇〇〇年代前半の「フリーター・ニート」の問題が「働く意欲のない」若者の問題として受けとめられたのに対して、ここでは青年期から成人期への移行（「大人になること」）のリスクが問題とされ、近年の移行の著しい困難さが追究されてきた。「大人になること」の意味は多面的だが、ここでの問題の核心が労働市場への移行であり、その困難さであることはいうまでもない。

青年期の「移行」問題はともすると心理学的な議論に収束しがちだが、ここではっきり見ておかねばならないのは、少なくとも今日、青年期の「移行」問題の根底にあるのは、すでに見た女性労働の場合と同様に、労働市場の「分断」であり、それにともなう「移行」のリスク、社会的排除の危険だということである。伝統的モデルにおいて男女に割りふられた恒常的労働力と縁辺労働力の分断は、今日では性別とは直結しない正規雇用と非正規雇用の分断となり、「全部雇用」の収縮とともに、その分断線は、女性労働市場の大部分を含みつつ、男性労働市場の内部にまで深く入り込んでいる。一九九〇年代半ば以降、その新たな分断線によって正規雇用から締め出された若者たちが、「フリーター」となり、「ニート」となったのである。それは、「働く意欲がない」という心理的な問題ではない。「フリーター」が、不安定な雇用環境の下で働き続ける若者であることはいうまでもないし、月末の一週間に求職活動をせずに「ニート」とカウントされた若者も、本田由紀が早い時点で示したように、その多くは働くことを希望する若者たちなのである（本田・内藤・後藤、二〇〇六）。もし、それらの若者たちに本当に働く希望を失わせるものがあるとすれば、それは正規雇用への移行の困難さであり、それを許さない労働市場の分断、セグメント化なのである。

シュミットの提起した移行的労働市場の概念は、伝統的モデルが「後ろ向きのユートピア」であることを指摘するものだが、今の日本のこうした「移行」をめぐる困難と危機、「分断」を直接に視野に入れて論じられたわけではない。日本の現状は、伝統的モデルが「グローバル化」と「個人化」の時代に生きながらえたとき、「分断」がいかに深刻化し、社会的統合が危機に陥るかを示したものといえる。それだけに、伝統的モデルを「前向き」に乗り越えようとするシュミットの提案は、今の日本においていっそうリアルに受けとめられてよいのではないか。移行的労働市場とは、この「分断」に対して、「移行」を可能とする「社会的な橋」を架けることなのである。

「社会的な橋」を架ける

今の日本における母子世帯への移行、そして青年期の移行のリスクが、分断化された、移行の困難な労働市場に由来することを見てきた。シュミットも、「現在の移行の力学は、新たな形態の労働市場の分断につながる傾向にある」(Schmid. 2007. p.8)と述べて、標準的雇用と非標準的雇用(日本の正規・非正規雇用に相当)との分断を懸念していた。その懸念は、すでに日本では二〇〇〇年代から顕在化し、はるかに深刻化していたのである。これに対してシュミットは、労働市場を「移行的」な労働市場へと転換することによって、そうした母子世帯への移行のリスク、青年期の移行のリスク、さらに失業や退職など、その他さまざまな人生における移行のリスクに対処し、社会的排除を防ぎ、社会的統合を促進することができるとした。

「移行的労働市場の目標は、たとえていえば、非標準的な雇用関係のより高いリスクを埋め合わせるために『社会的な橋』を架け、それらの仕事が確実に職業的キャリアを維持するための『踏み石』になるようにすることである。すでに述べたように、リスクをともなう非標準的雇用はまた、ある程度まで、内的なフレキシキュリティの制度的配置の失敗の現れだと見ることができる。したがって、移行的労働市場を達成することは、社会的保護という事後的手段によって外的なフレキシビリティを緩和することよりも、はるかに先に進むことなのである。」(ibid., p.9)

後半部分がいかにもわかりにくいので、パラフレーズしよう。なかほどの「内的なフレキシキュリティの制度的配置の失敗」とは、ドイツの伝統的モデルにおける雇用保障と社会的保護の限界を意味する。たとえば急激な不況期に、ドイツでは従業員の労働時間を短縮して企業内で雇用維持を図り(「内的なフレキシキュリティ」)、それでも解雇が発生したとき、失業手当による「社会的保護の事後的手段」がとられる(「外的なフレキシビリティの緩和」)。だが、それらの措置では非標準的労働者のリスクに対処することはできない。それに対して、このモデルを超えて「はるかに先に進む」のが、移行的労働市場における「社会的橋」の含意である。既述のように、シュミットによれば、伝統的な完全雇用モデルの縮小にともなって従来の標準的雇用関係の浸食が進み、雇用関係の「フレキシブル化」の趨勢は避けられない。その理由は、労働市場のグローバル化だけでなく、「いまや、ますます多くの女性が経済的に自立することを望んでおり、仕事への性向が増大している」からである(Schmid, 2002b, p.186)。そして、さらに留意すべきことは、シュミットが、一方で目下の非標準的雇用のリスクを確認しつつも、「他方でそれは、古い経済と新しい経済との間の繋ぎとして作用する、新たな標準的雇用関係の原初的な形態であるかもしれない」（ibid., p.158）と考えている点である。

では、「いかなる形態が、今後、『標準的な雇用関係』となるのであろうか」。シュミットは、そうした観点から、「未来の労働市場の初期的形態がすでに発展しつつあるのかもしれない労働市場の一部」として、芸術とメディアの労働市場に注目している。そこで語られるのは、「賃労働者が存在しなくなるとか、『労働者起業家』に置き換えられる」といった類の話ではない。注目されるのは、それらの新しい仕事に就く労働者の多くが、たえず低賃金と不安定な経済的、社会的地位に悩まされ、失敗した場合には社会的排除の危機に陥りかねないなかで、それらの労働に就いているという現実である。「ここで私たちは、もっぱら関連するリスクの管理がきわめて困難であるために、不安定な経済活動の別個の形態を扱っている。それにもかかわらず、その種の雇用関係が、ますます従属的賃労働よりも好まれているように見える」（ibid., p.187）、というのである。

シュミットは、「権力関係をともなう従属的賃労働」よりも、「能率給をともなう目標契約」で自分のサービスを「売る」ことを選択する雇用労働者や、「販売契約」によって自分のサービスを、「一人の雇用主」にではなく、たくさんの顧客に売る自営の労働者の選択に言及している。標準的な雇用関係からの離反は、雇用主の要求であるだけでなく、部分的には労働者側の「自由」の選択でもある。そして、シュミットがそこに見るのは、「これらの新しい自由および関連する不安定さに、人びとはどのようにして対処しようとしているのかという問題」であり、さらに「新しいリス

図表11　移行的労働市場の枠組み

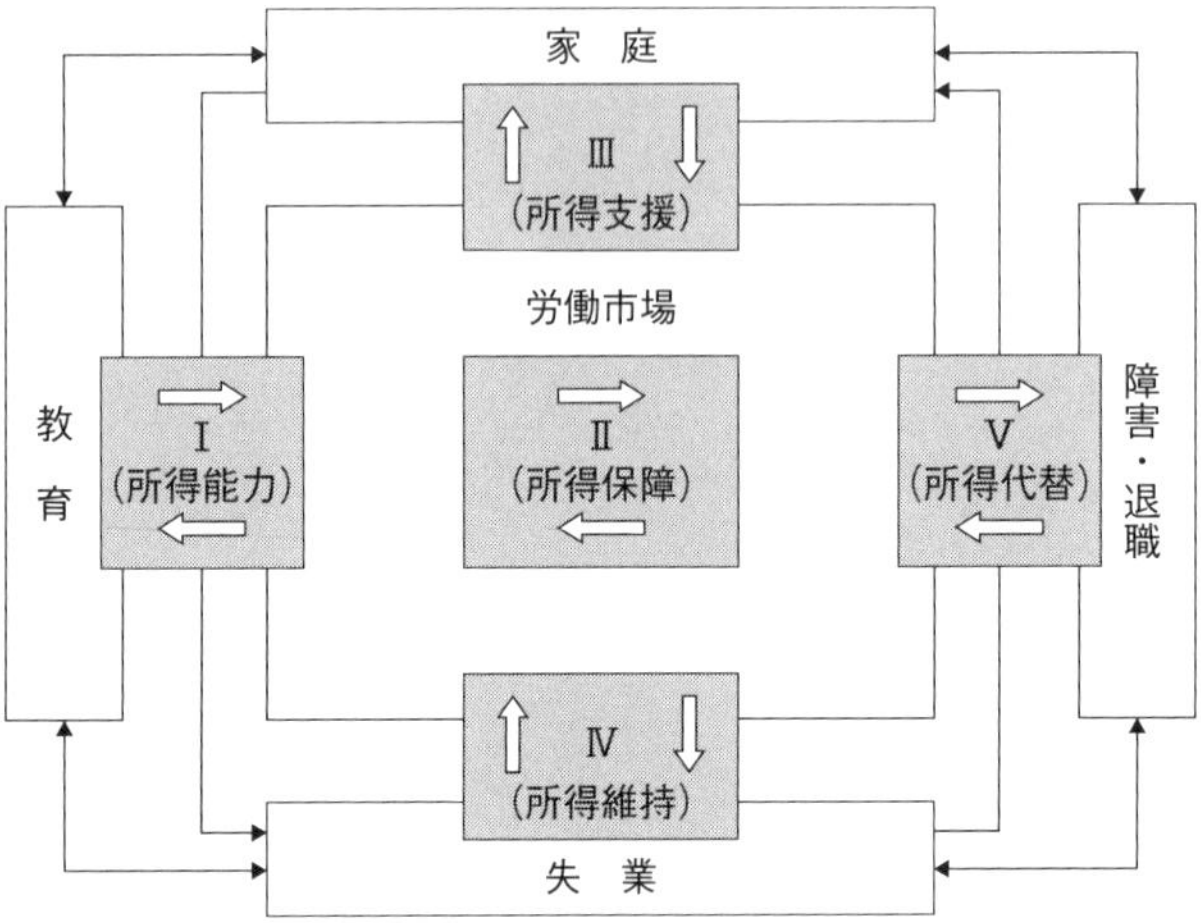

家　庭
Ⅲ
（所得支援）
労働市場
教
育
Ⅰ
（所得能力）
Ⅱ
（所得保障）
Ⅴ
（所得代替）
障害・退職
Ⅳ
（所得維持）
失　業

出所：Schmid, 2002b, p.188

クに対処しようとするそれらの企てに対して、どのような諸制度が支援を提供しているのか」（ibid., p.164）、という問題なのである。

それらのリスクは、「伝統的な福祉国家の使い古された行程の外」にあり、支援を提供する諸制度が整っているわけではない。シュミットは、だからこそ、それらのリスクに対処しようとする人びとの営みのなかに、「現代の福祉国家を設計し直すヒント」があると考えるのである。くり返すなら、芸術とメディアの労働市場は一つの断片でしかないが、全般的な雇用関係のフレキシブル化の趨勢のなかで、それらの特徴は、さまざまな「危機的な移行」を経験する人びとの平均的な人生行程を先取りするものとなっているのである。「時代遅れ」になったのは、完全雇用の伝統的モデルだけでなく、そのモデルに基づいた従来の福祉国家でもある。

「収入と雇用機会における不平等は、確立された労働市場規制と社会保障の諸制度による仕事と福祉の組織化が不適切であることを示している。……では、労働市場のフレキシビリティは、社会保障と正義の要求を損なうことなく、どのようにして達成され、あるいは促進されうるのであろうか」（ibid., p.151）

シュミットによれば、そうした福祉国家の再設計の原理となるのが、移行的労働市場という「社会的な橋」を架ける諸政策であるという。五本あるというその橋を、シュミットは次のように整理し、図示している（図表11）。

「これらの移行に対処しようとする個々人の企てを支援するためには、危機的な局面を切り抜けるために適切に制度化された、つまり予測可能な、社会的に正統化された選択肢を提供する、信頼できる橋が必要である。雇用に出入りする堅牢な橋を通して促進される労働市場の五つの移行は、体系的に次のように整理することができる。（1）教育／訓練と雇用との間の移行、（2）雇用（被雇用）内でのパートタイムとフルタイムとの間の移行、または雇用（被雇用）と自営業ないし両者の結合との間の移行、（3）（通常は無償の）私的ないし家族を基礎とする活動と賃労働との間の移行、（4）失業と雇用との間の移行、（5）周期的な就労不能と雇用との間の移行、および仕事から退職へのフレキシブルな移行」（ibid., p.187f）

「社会的な橋」があるということは、どういうことなのであろうか。そもそも伝統的モデルの時代には、図の五つの領域は地続きになっており、人生の行程は男女で分断され、人生の流れを示す矢印も左から右への一方向のみであった。日本のモデルでいえば、教育を終えた若者は、新規学卒一括採用の慣行によって卒業と同時に労働市場に入り、男性は「全部雇用」と終身雇用の慣例に従って定年まで勤めあげ、退職とともに年金生活に入る。女性は結婚ないし出産を機に退職して家庭に入り、必要な場合には縁辺労働力として男性の「全部雇用」に貢献しつつ、主婦として家事労働を担い、夫の定年とともに年金生活に入る。このモデルに応じて、夫が在職中の家族の生活保障は「全部雇用」によって、定年後の生活は公的年金によって支えられる。あくまでモデルとしての話だが、そこに渡るべき「橋」はなく、性別と学歴によって分岐する「決められたレール」(経路)があり、そのレールに従って人生の行程は進むものと考えられていた。ところが、グローバル化と個人化の影響が顕著となる一九九〇年代後半になると、日本でも新自由主義の潮流が強まり、伝統的モデルが「時代遅れ」となり、五つの領域が分離され、その間を「渡る」という新たな移行のリスクが個々人に課せられることになったのである。就職のリスク、結婚・離婚のリスク、失業のリスク、退職のリスク……。確かに、いまや人生の行程はリスク(「危機的出来事」)の連続となった。

今の日本における「移行」のイメージは、「綱渡り」のイメージであろう。「受験」の試練から始まり、全身を捧げるような「就活」に励み、その後の雇用の安定と継続も、家族生活の開始も継続も不確かであり、人生はすべて「綱渡り」といった感がある。どこにも安心して渡れる「橋」はなく、そのために、わずかな失敗が「転落」の決定的危機となりかねず、「綱渡り」を前にして、あるいはその失敗を機に「引きこもる」ような事態も生まれる。それに対して「社会的な橋」とは、このような一人ひとりが引き受けるリスクを共有して、「相互支援的な社会的保護と雇用政策によるリスク管理」を進め、「危機的出来事」の続く人生の諸局面を、「橋」を渡って積極的に往き来（移行）できるようにすることなのである。図示された五つの橋にカッコ書きしたように、それぞれの移行に際して、第一の橋は「所得能力を開発し、維持、強化し」、第二の橋は「所得保障を行い」、第三の橋は「所得支援を給付し」、第四の橋は「所得維持を保障し」、第五の橋は「所得代替を給付する」（Schmid and Schömann, 2004, p.21）。ここでは個々の政策にまでは立ち入らないが、重要なことは、「リスク管理の目的は、リスクを最小限にすることではなく、異なる時点間、世代間、地域間に及ぶ新たな連帯の形式を提供することによって、リスクを引き受け可能なものにすることだ」（Schmid, 2002c, p.394）という、シュミットの主張である。

移行をペイするものにする

移行的労働市場の理論・政策の標語は、「メイキング・トランジッション・ペイ making transition pay」、つまり「移行をペイする（割に合う）ものにする」、である。シュミットによれば、「移行的労働市場の核となる思想は、労働をペイするものにする（making work pay）だけでなく、移行をペイするものにすることによって、人生の行程にわたるより多くのリスクを引き受けられるように、個人をエンパワーする（力を与える）ことである」という（Schmid, 2007, p.7）。一般に「メイキング・ワーク・ペイ」は、ワークフェア政策（「福祉から就労へ」）の流れのなかで社会保障の後退と結びつきやすいが、ここでは堅牢な「社会的な橋」を架けるという「福祉国家の再設計」によって、個人のエンパワーが図られる。人は、「綱渡り」に追いつめられるのとは異なり、堅牢な「社会的な橋」が用意されれば、安んじて労働市場の内部を移動し、あるいはその外部へと往き来し、その活動力を新たに発展させる機会を得るであろう。たとえば、大企業に勤務する男性が長期の育児休業を取得したり、短時間雇用に変更して地域活動に専念したり、あるいは結婚して主婦となった女性が専門職を目指して大学に入学したり……。「移行がペイする」とは、わかりやすい例を挙げれば、そのようなことである。

　そこでもう一度、移行的労働市場の図に戻ってみよう。伝統的モデルでは男女別にセグメント化された、左から右へと進む一方向だけの矢印であったのに対して、ここでは移行的労働市場における五つの双方向の矢印が、労働市場外の四つの領域をダイナミックに結びつけていることがわかる。労働市場だけが生産的な活動の場ではない。その外に、生涯学習、無償の家族労働やケア労働、地域活動、そして余暇活動など、それぞれに生産的な活動が広がっており、人びとの移行がそれらをつないでいるのである。シュミットのいう「前向きのユートピア」は、この図にも示されていることがわかる。「移行的労働市場は、労働の概念を拡大し、非市場的な労働カテゴリーを有意義な生産的活動として評価することによって、（旧来の――豊泉）完全雇用への意欲を和らげるが、一方、人びとが生涯にわたって選択できる仕事の機会を広げることによって、（新たな――豊泉）完全雇用の希望を拡大しているのである」（ibid., p.17）。

このようにしてシュミットは、移行的労働市場の「核となる思想」について述べた。ところで日本では、リーマン・ショック後の経済危機によって格差や貧困、社会的排除の問題が噴出し、それに対して「セーフティ・ネットの張り直し」や「セーフティ・ネットからトランポリンへ」という議論が展開された。「社会的橋を架ける」という移行的労働市場の思想は、これらの考え方とどのように異なるのであろうか。

「セーフティ・ネット」という言葉が、人生の行程を「綱渡り」と考えるイメージに対応することはいうまでもないだろう。人生の「決められたレール」を男女別々に進むものとされた日本の伝統的モデルは、一九九〇年代後半以降、二つの労働市場の分断と自己責任に基づく「綱渡り」のモデルに変化した。ところが、リーマン・ショック後の経済危機は、非正規雇用の労働市場における「綱渡り」がどれほど不安定で、危険であり、まともなセーフティ・ネット（安全ネット）に護られることもなく、ひとたび振り落とされれば路上に放り出されかねないことを、あからさまに人びとに知らしめた。二〇〇八年末の「年越し派遣村」はそうした日本の現実を象徴する光景であった。そして、このような事態に対する政策的議論において、丈夫な「セーフティ・ネットを張り直す」という社会保障の強化や、ニュー・レイバーの政策モデルの影響の下、「トランポリン」のように失業者を労働市場（就労）へ送り返すという「自立支援」が課題となったのである。

それらが今の日本において、まず第一歩となる重要な政策課題であることを否定するものではないが、移行的労働市場の概念から指摘するなら、それらは、いずれも事後的な対策であり、個人をエンパワーするものではない。セーフティ・ネットによって「綱渡り」から路上への転落を避けられるとしても、あるいはトランポリンによって「再チャレンジ」が可能となるとしても、再び「綱渡り」から振り落とされるリスクは依然として高いままである。それに対して、移行的労働市場の主張は、「事後的な社会・雇用政策から、事前のリスク管理への決定的な第一歩」であり、「リスクの特性に応じた社会的保護諸制度の制度的分化なのである」(Schmid, 2002c, p.396)。

ここで、第1節の末尾でふれたガズィエの議論に戻ろう。シュミットとともに移行的労働市場論を主導するガズィエは、世界金融危機後に「就労優先アプローチ」へと大きく振れたフレキシキュリティの振り子を揺り戻すために、移行的労働市場の概念をフレキシキュリティとケイパビリティとの間に置くことを提案した。フレキシキュリティが、一九九〇年代以降のデンマークの積極的労働市場政策の成功を跡づけた概念であったのに対して、移行的労働市場の概念は、現代の福祉国家の再設計を意図する政策的な概念であるとともに、「前向きのユートピア」を掲げた規範的な概念でもあった。つまり、ガズィエは、フレキシキュリティ政策に対して「規範的な視点」を提供する理念として、移行的労働市場の概念を位置づけ、その核心にA・センの「ケイパビリティ(潜在能力)」の概念を置いたのである。シュミットもまた、能力の格差を想定して「人に投資する」移行的労働市場は、「個人に賦与された資源だけでなく、支援を行う経済的、社会的、政治的な基盤とを包括するケイパビリティに関心を集中しなければならない」としていた。ケイパビリティの考え方を基にして個人をエンパワーすることが「事前のリスク管理」であり、そのために求められるのが「リスクの特性に応じた社会的保護諸制度」なのである。センにおいて「行為主体性 agency」とは、「賦与されたケイパビリティを通して自分自身の生を決定する〝積極的自由〟」であり、たんなる「欠乏からの自由」ではなく、生を主体的に生きる「行為への自由」を意味する。シュミットによれば、そうした自由の積極的保障こそが社会的正義の理念にかなうことであり、「移行をペイするものにする」という移行的労働市場の目的なのである（Schmid, 2014, p.90-92）。

　ところで、図表10（本書、一三〇頁）に再度、目を向けると、驚くべきことにドイツでは二〇〇五年をピークに、世界金融危機の期間をも含めて失業率が下がり続け、日本と並んで「ほぼ完全雇用」ともいえる三％水準にまで低下していることに気づく。「ドイツの奇跡」と呼ばれるこの「雇用（ジョブ）の奇跡」は、不況時にあっても、短時間労働の制度と労働時間口座を利用して労働時間を短縮して雇用を維持し、短縮された時間を職業訓練に充てるという、ドイツ型の労働市場調整の結果だとされる。労働時間口座とは、貯蓄のように超過労働時間を口座に積み立て、不況時には、口座に積み立てられた時間残高を消化して短時間労働を行う仕組みである。それらの制度は標準的雇用を保護する点で優れた制度だが、既述のように、そうした「内的なフレキシキュリティ」は非標準的雇用にとっては無力である。金融危機の後、「とくにドイツにおいて、ますます多くの労働者にとって、フレキシビリティとセキュリティのバランスが失われていることが明らかになった」（Schmid, 2013, p.2）。「各自の雇用（ジョブ）を保護する仕組みは〝アウトサイダー〟の状況を悪化させ、長期的に見て必要な構造的変化を遅らせることになる可能性がある」（ibid., p.16）からである。現在のドイツの低失業率は、日本と同様の「分断」に向かう兆候とも受け取れる。そして、ドイツの労働市場のこうした課題に対して、シュミットがとくに提起するのが、自由の積極的保障に向けた「生涯学習の挑戦」なのである。「生涯学習は、（ジョブの保障ではなく——豊泉）雇用保障の制度に向けて、決定的な一歩を進める機会と見ることができる」(ibid., p.17)。

以上、移行的労働市場の概念について見てきた。デンマーク型フレキシキュリティが西欧社会の政策モデルとされながらも、現実の政治過程のなかで揺れ動いたのに対し、移行的労働市場の概念はフレキシキュリティと多くの要素を共有しつつ、西欧社会の未来に向けて「前向きのユートピア」を構想する規範的な理論であった。その核心にあるのが「個人のエンパワー」であり、「人への投資」であった。こうした移行的労働市場の理念からデンマーク型フレキシキュリティをふり返るとき、あらためて浮かび上がるのは、ヨアンセンらが強調した「人的資本アプローチ」(ラーンフェア)の意義であり、継続的な職業訓練と生涯学習という第四の頂点を加えた「黄金の四角形」のモデルである(図表9、一二六頁)。前節では、デンマーク型フレキシキュリティのそうした特質(「美しい白鳥」)が二〇〇〇年代の新自由主義化の趨勢のなかで「みにくいアヒルの子」に変質したというヨアンセンの議論を紹介したが、二〇一〇年代になると、中道左派への政権交代(二〇一一~一五年、二〇一九年~)とともに「振り子」も再び逆向きに振れ始めた。近年、デンマークにおける福祉国家の「積極的な」ありようが「社会的投資福祉国家」のモデルとして注目されていることは、すでに第1章で述べた。それはまた、シュミットのいう「生涯学習の挑戦」に先駆けるデンマーク社会の伝統と挑戦でもあったのである。

3　生涯学習社会の挑戦

万人のための教育と成人教育・生涯学習

今の日本において「教育」という言葉は、ほぼ「学校教育」と同義にもちいられる場合が多い。教育とはまずもって子どもと若者を対象とする学校の営みであり、その前提として家庭教育の重要性が叫ばれることはあっても、成人教育に言及されることはほとんどない。一般に「成人教育」という言葉は、今の日本において明確な輪郭を結ぶ概念ではない。多くの日本人にとって、「成人」は教育ではなく労働に携わり、社会人として家族を形成し、自分の子の教育について責任を負う存在である。したがって教育とは、なかんずく公費を投じ公的な管理の下で行われる公教育は、子どもと若者を大人へと成長させ、労働と家族生活に責任を負う社会人へと育成する学校の営みなのである。そこに成人教育の余地はほとんど残されていないように思われる。

日本では成人教育の輪郭が明確ではないと述べたが、成人教育の長い伝統をもち、また公的教育費の対ＧＤＰ比が国際的にもっとも高い教育国の一つとして知られるデンマークでは、教育制度における成人教育の位置づけは明確であり、重要である。とくにＥＵ諸国の持続的な経済発展を目指した二〇〇〇年のリスボン戦略において、ＥＵの統一的な教育政策として生涯学習（lifelong learning）が掲げられて以来、その重要性はいっそう大きくなった。生涯学習の推進が加盟国に求められ、デンマークにおいても従来の学校教育と成人教育とをさらに充実させ、生涯学習の包括的な機能強化を目指す戦略が策定され、推進されることになったのである。その報告書が、二〇〇七年にEU委員会に提出された『デンマークの生涯学習戦略――万人のための教育と生涯にわたる技能向上』（以下、『生涯学習戦略』とする）である。

同報告書は、リスボン戦略に従って、グローバル経済における「主導的な知識社会」としてデンマークの「競争力の強化」を図り、そのための基盤として、「万人のための教育と生涯にわたる技能向上」の強化を目指すものであった。そこには、当時の中道右派政権の下での市場重視の傾向が顕著に見られるものの、デンマークの学校教育と成人教育の豊かな伝統を「万人のための教育と生涯にわたる技能向上」へと発展させる点において、社会的な合意形成と責任の共有が進んでいることを確認することができる。目標は、「すべての人びとが自分の能力を開花させ、自分自身と他者のために繁栄を創造する最善の機会を有する国」へとデンマークを発展させ、「生涯学習が社会のあらゆる場面で推進される」ことであるとされた（Danish Ministry of Education, 2007, p.6f.）。

「万人のための教育 Education for all」という言葉は、基礎教育の保障を目指したユネスコの活動でよく知られているが、ここでは就学前教育から高等教育までの学校教育、さらに成人教育・継続教育までを含む文字どおりの生涯学習に関わる言葉である。『生涯学習戦略』の内容を見ると、まず「先導的な知識社会としてのデンマーク」の発展という生涯学習社会の目標が確認され（一、二節）、三節では「ワールドクラスの教育制度」として学校教育の目標が、四節では「万人のための生涯にわたる技能向上」として成人教育・継続教育の目標が示されている。さらに五節では「横断的取り組み」として生涯学習の制度全体の一貫性と透明性を高めるための方策が、六節ではノンフォーマルな成人教育の課題が提起されている。デンマークではこの報告書が出された後、二〇一一年（中道左派政権へ）、二〇一五年（中道右派政権へ）、二〇一九年（中道左派政権へ）と三度の政権交代があったが、報告書の内容は今日まで基本戦略として継承されており、その実施のために一連の教育改革が進んでいる。

まずは『生涯学習戦略』を踏まえてデンマークの生涯学習の仕組みを概観しておこう。デンマークの教育制度は、学校教育制度と成人教育制度（正確には、成人教育および継続教育）の二つの系統からなっており、さらに成人教育はフォーマルとノンフォーマルに分かれる。二〇一九年に生産学校が普通教育に一体化される前の全体像は、以下の図のとおりである（図表12）。

メインストリームにあたる普通教育の制度は、おおむね日本の制度と類似しており、九年間（希望者には一〇年生クラスもある）の義務教育としての初等・前期中等教育（国民学校）、青年教育（youth education）と呼ばれる三年間の後期中等教育としての高等学校（普通高校／STX、工業高校／HTX、商業高校／HHX）および職業教育訓練（VET）、そして高等教育としての二年間の職業アカデミー（短期大学）、大学の学士課程三年、修士課程二年、博士課程三年からなる。後期中等教育において高等教育を目指す三種類の高等学校（ギムナジウム）と、学校と職場を往復して職業資格の取得を目指す職業教育訓練とに複線化していることが日本との大きな違いだが、その点については後でふれる。ここでは「ワールドクラスの教育制度」を掲げた『生涯学習戦略』によ

図表12　デンマークの教育制度

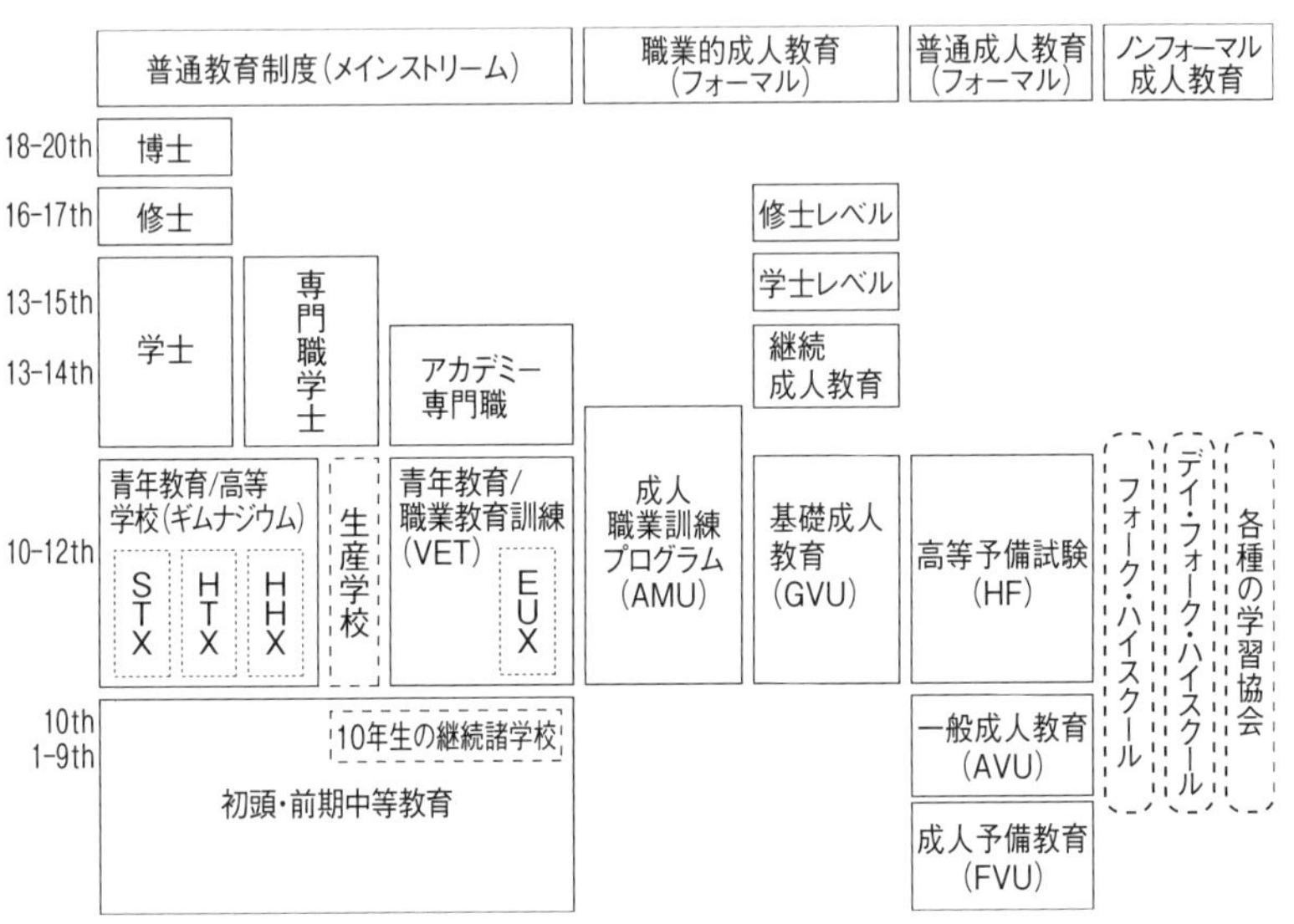

出所：Danish Agency for Universities and Internationalisation, 2011, p.10.
なお、本章での説明の便宜上、豊泉が一部加筆ないし省略を行った。

って、①二〇〇九年から就学前の一年間（ゼロ年生）が義務化されて義務教育期間が一〇年間になり、義務教育レベルでの学力強化が図られたこと、そして後期中等教育、高等教育については、②二〇一五年までに九五％以上の若者が後期中等教育（青年教育）を修了すること（従来は八〇％）、③同じく五〇％以上が高等教育を修了すること（従来は四五％）が、目標として設定されたことを確認しておこう。

もう一つの系統である成人教育は、職業的成人教育（Vocational Adult Education）、普通成人教育（Genaral Adult Education）、ノンフォーマル成人教育（Non-formal Adult Education）の三類型に区分される。

第一の類型である職業的成人教育は、労働市場における職業的技能の向上を目指す在職者を中心とする成人職業訓練プログラム（AMU）であり、一九六〇年頃の急速な産業化の時期に、工業化にともなう労働力移動に貢献する目的で制度化された。その後も職業的成人教育は労働市場の変化にともない、労使双方における技能の更新や新しい技能の需要に柔軟に対応して、半日から六週間まで二九〇〇ものプログラムを擁する多彩な教育訓練の制度として今日まで発展してきた。二〇〇一年からはそうした職場での職業訓練の資格化が進み、在職のまま普通教育と同等の職業資格を取得できる制度となり、後期中等教育レベル（GVU）、高等教育前期修了レベル、学士レベル、さらに修士レベルのプログラムが制度化された。

第二の類型の普通成人教育は、普通教育のフォーマルな修了資格を成人教育によって取得する「セカンド・チャンス」とされ、普通教育における教科の能力の改善・修得を目指すプログラムである。義務教育の基礎レベル（FVU）と義務教育修了レベル（AVU）、そして後期中等教育の修了資格を取得するプログラム（HF）があり、HFの修了によって中等教育未修了者の高等教育への進学が可能となる。第一の類型は、職業経験を通じた能力形成を普通教育に並ぶ同等の資格として位置づけるものだが、こちらの第二の類型は、普通教育でつまずき、学校を中退した若者が学校外の成人教育の場で学び直し、普通教育への復帰を目指すルートである。

これら二つの類型の成人教育は普通教育と同様にフォーマルな教育であり、職業的成人教育は成人職業訓練センター（AMUセンター）、普通成人教育は成人教育センター（VUC）を中核機関として実施され、全国一三か所の成人教育・継続訓練センター（VEUセンター）によって統括されている。いずれも国の財政支援を受け、参加者の授業料負担は少額であり（職業的成人教育では雇用主が負担）、さらに期間中の生活支援のために所得補償の制度が整備され、成人教育の推進が図られている。『生涯学習戦略』では「万人のための生涯にわたる技能向上」を掲げ、すべての人びとの生涯学習への参加、なかでも「フォーマルな教育レベルのもっとも低い人びと」の成人教育への参加の必要性が強調され、参加促進のためのガイダンスやカウンセリングの強化、事前の学習の評価制度（既修得単位の認定に相当）の充実が進められた。

これら二つのフォーマルな成人教育のほかに、第三の類型として、自由成人教育と呼ばれるノンフォーマルな成人教育がある（図表12では破線で表示。一部がメインストリームの普通教育に含まれていることに注意）。その中心となるのが、日本でもかなり知られているフォーク・ハイスクール（デンマーク語ではフォルク・ホイスコーレ、「国民高等学校」とも訳される）である。デンマークの「精神の父」とも呼ばれるグルントヴィの教育思想に由来するフォーク・ハイスクールは、自由成人教育の源流として一九世紀半ばにまでさかのぼる長い伝統をもち、「下から」つくりあげられたデンマークの成人教育のそもそもの起源である。寄宿制の学校で共同生活をしながら「生きた言葉」によって対話中心に行われるフォーク・ハイスクールの教育は、『生涯学習戦略』においても、デンマークにおける民主主義と社会的連帯、そして学習文化の創出に寄与してきたと評価された。その教育的理想の下に、イブニング・スクールやデイ・フォーク・ハイスクールなどが生まれ、フォーク・ハイスクールとともに今日の自由成人教育を構成している。

いずれも入学のための資格要件や試験はなく、また修了による資格付与もなく、それぞれの設置者が独立した機関として、それぞれの哲学に基づいて、法的枠組みのなかで自由で多様な教育を行っている。参加者の授業料については、国や自治体の限定的な補助があるものの自己負担が中心である。『生涯学習戦略』においては、生涯学習の主たる担い手は通常の学校教育とフォーマルな成人教育であり、デンマークの成人教育の源流であるノンフォーマルな成人教育については、フォーマルな教育との相互交流が課題として指摘されるのみで、わずかな言及にとどまっている。

「移行」の保障と「可能性への平等」

「移行をペイするものにする」という移行的労働市場論の標語は、多くの日本人にとって実感をもって理解するのはなかなか容易ではない。たとえば、それはアメリカの話ではないのか、一部の傑出したエリートの話ではないのか、と受け取られそうである。その際に念頭にあるのは、日本におけるリスクを負う転職のイメージであり、長期の勤続をよしとして柔軟性（フレキシビリティ）を欠く労働市場の慣例であろう。それに対してデンマークでは、「数年に一度転職をすることは良い」に「賛成」「どちらかといえば賛成」と答える割合は七六・四％に達する（辻、二〇〇九）。問題は、日本人とデンマーク人の気質の違いなどではない。ここで注目したいのは、デンマーク型フレキシキュリティにおいて、「移行をペイするものにする」ことが制度的に保障されており、その核心に、移行的労働市場と結びついた生涯学習の制度があるという点である。

図示したように、デンマークの教育制度（生涯学習制度）は、普通教育と成人教育、学校教育と職業教育、フォーマル教育とノンフォーマル教育とが重層的に接合された仕組みとなっている。総じて、教育制度全体が職業資格の取得を目的としており、その特徴を一言でいえば、生涯にわたって職業における「移行」を保障し、人びとの「可能性への平等」を図ろうとするものである。一般に、横断的な労働市場が未発達の日本では、「資格」よりも「学歴」が重視されることが多く、ここでいう「資格取得 qualification」の含意も理解されにくい。一九七九年にデンマーク国籍を取得して長くデンマークに在住するケンジ・ステファン・スズキの説明を引いておこう。

「高校以上になると学校は『資格』を得る場になり、それが就職に直結していきます。日本でも医師や弁護士になるには資格が必要ですが、デンマークではすべての職業について資格が必要なため（いわゆる会社員になるにも資格が必要）、就職するにも転職するにも、適応する学校（大学や職業学校）にかよって資格をとらなければなりません。学校には入学試験も授業料もないので、誰にでも新しい資格をとる門戸は開かれています。それがデンマークの教育制度であり、就職システムの特徴です。」（スズキ、二〇一〇、四六頁）

新たに資格を取得し、新しい職種に移行してキャリア・アップを図ることが、無償の学校教育と成人教育によって保障されており、しかも新たな資格取得とともに新しい職種別労働組合に加入し、すぐに就職できない場合には失業保険の給付も受けられる、というのである。「移行がペイするもの」となった一つの労働市場の姿をここに見ることができるであろう。少なくとも、デンマーク型フレキシキュリティにおける雇用主側の「解雇しやすさ」は、労働者側にとって「移行がペイする」、こうした生涯学習の制度に支えられてはじめて成り立っていることを見落としてはならない。とはいえ、無償の生涯学習によって「移行」が保障される社会であっても、労働市場に参加（移行）するための最初の資格取得に失敗すれば（青年教育の未修了）、やはり社会的排除の危険にさらされることになる。実際に、そのことがデンマークの『生涯学習戦略』の中核的な課題であり、そこには青年教育の「保障」に向けた生涯学習の挑戦を見ることができる。

『生涯学習戦略』では、就学前教育から成人教育まで各段階の目標が掲げられたが、なかでも後期中等教育の修了率を九五％以上とする目標は、生涯学習戦略全体の要となる中核的な目標である。一般に、こうした目標値はリスボン戦略への各国の対応のなかで設定されたものだが、デンマークではこの目標値が最初に掲げられたのは、若者の高い失業率が続いていた一九九〇年代の初め、「万人のための教育」を標語に掲げて取り組まれた教育改革プログラム（一九九三年）においてであった。

一九九三年以降のデンマークにおけるアクティベーション政策についてはすでに述べたが、それは青年教育の保障に向けた取り組みの始まりでもあった。石油ショック後の一九七〇年代以降、デンマークにおいても経済危機によって失業率が上昇したが、とりわけ若者の失業率が大きく上昇し、社会政策上の重要課題となっていた。そして、若年失業率が過去最高水準に達した一九九〇年代の初め、若年失業と教育との強い関連性が注目されるようになり、若者の高失業率の要因の一つとして、同世代の約三分の一が職業的ないし専門的資格を取得することなく教育を終えていた事実が指摘されたのである（Bredgård and Jørgensen, 2000, p.10）。「万人のための教育」は、青年教育から退学するこの若者たちを誰よりも対象として、若者の九五％以上が後期中等教育を修了することを目指し、若年失業問題の解決を図った。既述のとおり、これを画期として、デンマークにおける教育政策は、雇用政策との密接な関連の下に推進されることになり、その後のデンマークの教育・社会政策上の大きな転機となったのである。そして、アクティベーション政策が進められた一九九〇年代後半以降、デンマークの失業率は若者も含めて大きく改善し、そのめざましい成果がフレキシキュリティのデンマーク・モデルとして、一躍脚光を浴びることになった。

だが、若者の失業率の改善は青年教育からの退学率を減少させたわけではなかった。むしろ青年教育を未修了の若者がアクティベーション政策によって青年教育への在籍を強いられた結果、中退率はさらに上昇し、青年教育からの中退はますます重要な政策課題となった。こうして、二〇〇〇年のリスボン戦略の後、後期中等教育の修了率を二〇一五年に九五％以上とする目標が『生涯学習戦略』に位置づけられ、学校教育と成人教育とを包括するデンマークの生涯学習の仕組みの充実を図り、あらためて目標の達成が追求されることになったのである。青年教育の修了という学校教育の課題が、成人教育を含む生涯教育の課題として位置づけ直されたのである。

そこで注目したいのは、青年教育の修了率と職業資格取得の見込みの算出にもちいられるデンマーク独自の「資格取得プロフィール」という統計である。資格取得プロフィールとは、ある年に義務教育（国民学校）の九年生（日本の中学三年生）を卒業した若者をコーホート（対象となる集団）として、その後の二五年間にその若者たちがどのような教育経路をたどるかを、その年の各教育機関等の学生の動向（入学、退学、転学等）を基に解析し、最終的に期待される教育達成のレベ

図表13　資格取得プロフィール2018

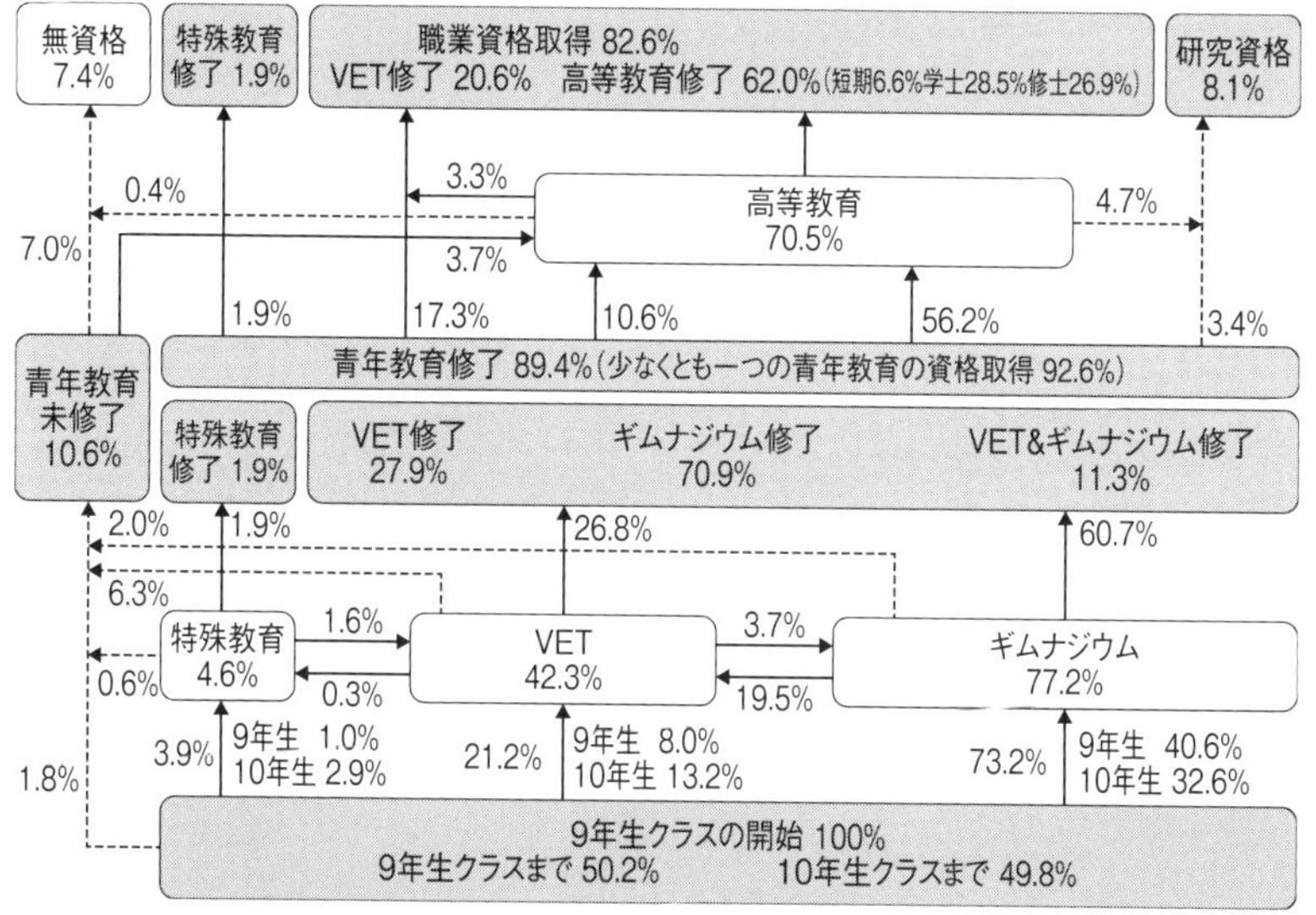

出所：Danish Ministry of Children and Education, statistics

ルを予測したものである。EUの統計では二五歳時の修了率が調査対象だが、多様で柔軟な教育制度をもつデンマークでは、さまざまな経路を経て後期中等教育を修了する場合も多く、二五歳以降の修了も珍しくないからである。最新の「資格取得プロフィール2018」では、資格取得の経路が以下のような数値で示されている（図表13）。二〇一八年に九年生を終えた学生たちは、縦横に教育制度を移行しながら二五年後には最終的にコーホートの九二・六%が青年教育の資格を、六二・〇%が高等教育の資格を取得することが予想される。『生涯学習戦略』における「後期中等教育の修了率を二〇一五年に九五%以上とする目標」は、ここでは二〇一五年に義務教育九年生を終えた若者の九五%以上が二五年後までに青年教育を修了するという、長期にわたる生涯学習の目標に読み替えられたのである。その後、中道右派政権（二〇一五年から二〇一九年）の下で、二五歳時点での青年教育の修了率を二〇三〇年までに九〇%にするという新たな目標が設定されたが、『生涯学習戦略』自体に変更があったわけではない。

再度、デンマークの教育制度（図表12）に戻ってみよう。日本の教育制度になじんだ目から見ると、さしあたりデンマークの普通教育制度は、義務教育終了後に若者の将来を進学組と就職組に分岐させる固定的で階層的な制度のようにも見える。しかし、資格取得プロフィール（図表13）から明らかなように、この制度においては、義務教育修了後にいったん分岐した後も、さまざまな「移行」と教育達成の「可能性」が長期にわたって保障されていることがわかる。そして図表13では学校間の「移行」が直線で結ばれるために見えにくいが、実際にはその移行の際にフォーマルな、あるいはノンフォーマルな成人教育を経由する場合も多く、多様な成人教育が普通教育における生涯にわたる資格取得を下支えしているのである。たとえば、青年教育（VETないしギムナジウム）を中退してフォーク・ハイスクールで学び、その後に高等予備試験（HF）のコースを経て青年教育の資格を取得し、さらに高等教育に進むなどといったケースが考えられる。そこに開かれているのは、普通教育の内部からでは展望できない、オルタナティブな学びと非線形的な移行の可能性なのである。

オルタナティブな学びと非線形的移行

デンマークにおける青年教育の未修了の問題は、事実上、そのかなりの部分は職業教育訓練（VET）からの中退の問題である。『生涯学習戦略』が出た二〇〇七年の資格取得プロフィールでは、義務教育から青年教育に進む際、VETが三八・七％、ギムナジウムが五七・七％であったが、二〇一八年ではVETは二一・二％に減少し、ギムナジウムは七三・二％にまで増加した。高等教育に接続するギムナジウムへの進学が増え続けている。ただし、図からわかるように、ギムナジウムを経てVETに進む場合も多く、最終的に在籍者の延べ数はVETが四二・三％、ギムナジウムが七七・二％であり、依然としてVETとギムナジウムとが青年教育を二分する経路であることに変わりはない。その上で、それぞれの課程の開始年齢、修了年齢、修了率を比較すると、二つの経路には大きな違いがある。

やや古い資料だが、二〇一三年のデータでは、ギムナジウムの場合、課程を開始する平均年齢は一七歳未満、修了は平均二〇歳、修了率は八五％であったのに対し、VETの場合は、開始が平均二三歳、修了は平均二八・五歳、修了率は五三％であった（Rolls, 2014, p.17）。VETの方が開始、修了の年齢がずっと高く、ほぼ半数が中退していることがわかる。日本では後期中等教育からの職業教育訓練というと、しばしば「一五歳の職業選択」という早すぎる選択のイメージで語られるが、デンマークの場合、職業教育訓練に入る前も入った後も、若者たちは、青年教育を修了して職業資格を取得するまでに中退を含む長期間のさまざまな経路をたどることになる。ギムナジウムから高等教育への経路が比較的順調に進むのに対して、中退に対する取り組みが重大な課題となるのは、主としてこちら側の経路なのである。そして、学校教育と並行するフォーマルな成人教育とノンフォーマルな成人教育の仕組みが、デンマークの青年教育にとってどのような役割や機能を果たしているのかも、この経路に即して見ることができる。

青年教育からの中退、とりわけＶＥＴからの中退が増加した背景として、知識社会化とグローバル化にともなう労働市場の変化によって、ギムナジウムへの進学が若者にとっての第一の選択肢となったことが指摘される。一九九三年以降のデンマークにおけるＶＥＴ改革を跡づけたＣ・Ｈ・クリスチャンの研究によれば、一九六〇年代半ばまで、義務教育を終えた若者の四五％がＶＥＴに進み、ギムナジウムは一〇％未満であった。その後、ギムナジウムへの進学が増加を続け、一九七〇年代後半にはＶＥＴへの進学を上回り、さらに一九八〇年代後半から今日まで、その差はさらに大きく開いている。その結果、高等教育に直結しないＶＥＴは「袋小路」「行き止まり」と見なされるようになり、社会的な評価が下落するとともに、志望する学生の成績も下位となった。さらにＶＥＴに進む学生の社会的背景として、「親たちの低い社会・経済的地位」も確認できるという。つまり現在のデンマークにおいて、後期中等教育におけるギムナジウムかＶＥＴかという選択は、「社会的選抜」として機能しているというのである（Christian, 2014, p.29）。

いまやデンマークでも親の社会的格差が子の教育格差となり、社会的格差の再生産の様相を呈するとともに、下層ほど後期中等教育からの中退が拡大しているという。「世界一幸福な国」とされるデンマークもまた、グローバル化のなかで新自由主義化がもたらす社会の変容と無縁ではない。

だが、むしろここで強調したいのは、九五%以上の若者の後期中等教育の修了を掲げた一九九三年以来のデンマークの挑戦は、この社会的選抜と格差の拡大に抵抗する一連の取り組みでもあったという点である。

クリスチャンによれば、この間のさまざまな改革は二つの目標のジレンマにさらされてきたという。二つの目標とは、一方では、教育における平等性を確保して後期中等教育段階での社会的選抜を回避するために、熟練労働者を目指す訓練だけでなくVETから高等教育への直接的なアクセスを開くこと、他方では、低学力層の若者の社会的包摂に寄与するために、修了率の上昇を図りつつVETの社会的評価の下落を回避することであった。二〇一〇年には、職業教育訓練と同時に高等教育へのアクセスも可能とする新しいプログラム（EUX）も導入された（図表12、一五四頁）。しかし、この時期の社会的変容の力学からすれば、いずれにおいても問題の悪循環と深刻化を避けられなかったという。高等教育へのアクセスの平等性という点でも、中退者を減らして社会的包摂に貢献するという点でも、VETの一連の改革は必ずしも成果を挙げてはいない。だが、クリスチャンは、そのことによってVETの意義が否定されたわけではなかったという。二〇一八年の資格取得プロフィールからわかるように、今も生涯教育の過程でVETを一度は選択する若者は四割（四二・三%）にのぼる。クリスチャンは、二つの目標から評価される改革の取り組みはむしろVETに対する教育政策の視野の狭さに起因する問題だとして、今日のVETの意義を次のように述べている。

「ＶＥＴの評価が低下しているとしても、ＶＥＴの学生の相当の部分は、それが魅力的だからという理由でその課程を慎重に選んだのである。学生たちは、実際的な仕事の有意味さ、授業の重要さ、教師の肯定的な態度と学びの環境について強調する。……多くの学生にとって、また義務教育やおそらくギムナジウムで失敗を経験した一部の学生たちにとって、ＶＥＴは、教育のオルタナティブな機会を提供しているのである。……結果として、ＶＥＴというデンマーク型デュアル・システムは、学校教育の伝統的形式のなかでは成長できない若者にとって、セーフティ・ネットの役割を果たしている。」（Christian, 2014, p.39-40）

クリスチャンの主張はＶＥＴを対象とするものだが、その観点を受けとめて敷衍すれば、ＶＥＴというセーフティ・ネットのその先に、デンマークではさらに成人教育というセーフティ・ネットが広がっている。図表12で見たように、成人教育の第二類型にあたる普通成人教育は、通常の学校教育のフォーマルな修了資格を得るための「セカンド・チャンス」だが、いいかえればそこでの教育は、クリスチャンがセーフティ・ネットと見なしたＶＥＴからの中退者をも含めて、普通教育における「失敗」を回復するプログラムでもある。実際に、後期中等教育修了の資格取得のための成人教育プログラム（ＨＦ）の受講者は、かつては後期中等教育修了レベルが新たに要件となった保育士や看護師などを目指す労働者女性が多数派であったが、今では後期中等教育を中退した若者が多数を占めているという（ibid., p.26）。もし義務教育修了レベルに達していない場合には、さらに義務教育の基礎レベルのプログラム（ＦＶＵ）と義務教育修了レベルのプログラム（ＡＶＵ）も用意されており、義務教育から後期中等教育までのセカンド・チャンスがフォーマルな成人教育プログラムとして保障されているのである。

こうして普通成人教育はVETからの多くの中退者にとって、再スタートするためのセカンド・チャンスとなっている。一方、成人教育の第一類型にあたる職業的成人教育では、二〇〇一年から職場での職業訓練の資格化が進み、後期中等教育（GVU）から修士レベルまで、在職のまま通常の学校教育と同等の職業資格を取得できるプログラムが制度化された。この場合には、在職経験が加味され、HFのように青年教育の資格取得に再挑戦するのではなく、職業経験をベースとして青年教育およびそれ以上の資格取得が可能となる。青年教育から中退した若者のもう一つのセカンド・チャンスといってもよいであろう。クリスチャンは「学校教育の伝統的な形式」に合わない若者にとって、VETを教育の「オルタナティブな機会」と見なしたが、そのセーフティ・ネットから抜け落ちてなお、職業的成人教育のセーフティ・ネットが用意されているのである。これは、たんにセカンド・チャンスであるというだけでなく、伝統的な学校教育とは異なり職業現場でのオルタナティブな学びとして、フォーマルな成人教育を形成している。そして、さらにその先に広がっているのがノンフォーマルな成人教育であり、その特色は、なによりもこのオルタナティブな学びの性格なのである。

フォーク・ハイスクール（国民高等学校）をはじめとして、今もデンマークではさまざまなノンフォーマル成人教育が展開されている。ノンフォーマル成人教育は若者のみを対象とするものではないが、その主たる対象として、フォーマルな教育システムのなかで困難を抱えた若者の存在がある。なかでも生産学校（プロダクション・スクール）は、青年教育が未修了で、ただちに青年教育を開始することができない二五歳未満の若者に限定された、ノンフォーマル成人教育学校である。生産学校法によれば、生産学校の目的は「学習者の人格的な成長を強化し、教育システムと労働市場における機会を改善する」ことであり、授業は「職業資格を付与する青年教育へと通じるような技能向上を視野に」、ワークショップでの実践的な作業と生産を基に行われる（Retsinformation.dk）。図表12（二〇一一年時点）に示されているように、もともと生産学校はノンフォーマルな成人教育機関だが、実質的にメインストリームの青年教育の内部に配置され、オルタナティブな学びによる普通教育への「橋を架ける」実践の場となった（豊泉、二〇一〇、一六七頁）。さらに二〇一九年八月には、二五歳未満で青年教育未修了で失業中の若者のための各教育組織がフォーマルな「予備的基礎教育（FGU）」に統合され、生産学校もその一コース（PGU）となり、公式にメインストリームの教育として位置づけられた。まだ開設されて間もないため、FGUの分析と評価については今後の研究課題としたい。

以上、後期中等教育からの「中退」をめぐる問題からデンマークの教育制度について見てきた。「中退」は英語の「ドロップアウト」であり、デンマークには若者の後期中等教育、とくにVETからのドロップアウトを研究したたくさんの英語文献がある。だが、そこから見えてきたのは、日本の高校中退者を取り巻く厳しいまなざしや過酷な環境とは異なり、ドロップアウトした若者のためにセーフティ・ネットを多重に備えたデンマークの生涯学習社会であり、成人教育によるオルタナティブな学びも含めて、中退者の資格取得に向けた多様な生涯学習の経路であった。すでに述べたように、それは、綱渡りからドロップアウトした若者のための「セーフティ・ネット」というよりも、移行期の困難に際して選び直し、渡り返すことのできる、縦横に架けられたいくつもの「橋」だと見ることができるであろう。石油危機以降の産業構造の変動（脱工業化、知識社会化）によって、デンマークにおいても労働市場が高度化・流動化し、多数派の若者が義務教育修了後にVETを経て就職するという、かつての直線的な青年期の枠組みが失われた。そうした変化に対して、一九九〇年代から一貫して青年教育の修了率九五％を目標とし、中退者を学校と労働市場に移行させるための「橋を架ける」努力が続けられてきた成果が、今日の生涯学習社会の形成だったのである。それは、労働市場の変化に対して、成人教育の豊かな伝統を生かしつつ、オルタナティブな学びと学校から仕事への非線形的移行も含めて、青年教育をすべての若者・成人に保障しようとする生涯学習社会の挑戦であり、移行的労働市場の形成であった。

［引用文献］

Andersen, J. and Etherington D. (2005), 'Flexicurity, workfare or inclusion?', CARMA Working Paper 8, Aalborg University.

Bredgård, T. and Jørgensen, H. (2000), 'Was the Problem Solved: Danish Youth Unemployment Politics in the 1990s', CARMA Working paper no. 3, Aalborg University.

Bredgård, T., Larsen, F. and Madsen P. K. (2005), 'The flexible Danish labour market — a review', CARMA Research Paper 2005:1, Aalborg University.

Christian, H. J. (2014), *The current state of the challenges for VET in Denmark*, Nord-VET.

Christian, H. J. (2014), 'From apprenticeships to higher vocational education in Denmark — building bridges while the gap is widening', *Journal of Vocational Education & Training*, vol. 69, no.1.

Danish Agency for Universities and Internationalisation, (2011), The Danish Education System, https://ufm.dk/en/publications/2011/files-2011/the-danish-education-system.pdf

Danish Ministry of Education (2007), Denmark's strategy for lifelong learning — Education and lifelong skills upgrading for all, https://www.uvm.dk/publikationer/engelsksprogede/2007-denmarks-strategy-for-lifelong-learning

Danish Ministry of Children and Education, statistics, https://www.uvm.dk/statistik/tvaergaaende-statistik/andel-af-en-ungdomsaargang-der-forventes-at-faa-en-uddannelse/profilfigurer

Gaizer, B. and Schmid, G. (2002), 'The dynamics of full employment : an introductory overview', Schmid. G. and Gaizer, B. (ed.), *The Dynamics of Full Employment*, Edward Elger.

Gazier, B. (2010), 'The European Employment Strategy in the tempest : Restoring a long-term perspective', 2010 IIRA European Congress in Copenhagen, Symposium proposal for track 4 on employment regulation, 2010, http://faos.ku.dk/pdf/iirakongres2010/symposier /symposium8.pdf/

Jørgensen, H. (2002), *Consensus, Cooperation and Conflict* — The Policy Making Process in Denmark, Edward Elger.

Jørgensen, H. (2009a), 'Flexible labour markets, workers' protection and "the security of the wings"', United

Nations.

Jørgensen, H. (2009b), 'From a Beautiful Swan to Ugly Duckling : The Renewal of Danish Activation Policy since 2003', *European Journal of Social Security*, vol. 11, no. 4.

Madsen, P. K. (2005), 'How can it possibly fly? : The paradox of a dynamic labour market in Scandinavian welfare state', CARMA Research Paper 2005:2, Aalborg University.

Madsen, P. K. (2006), 'Flexicrity', CARMA Research Paper 2006:1, Aalborg University.

Retsinfomation. dk, https://www.retsinformation.dk/eli/lta/2017/97

Rolls, S. (2014), Denmark Vet in Europe — Country report, Cedefop, https://cumulus. cedefop. europa.eu/files/vetelib/2014/2014_CR_DK.pdf

Schmid, G. (1998), 'Transitional Labour Markets : a New European Employment Strategy', Discussion Paper, FS I 98-206, Wissenshaftszentrum Berlin für Sozialforschung.

Schmid, G. (2002a),'Employment system in transition : ekplaining performance differentials of post-industrial economies', Schmid. G. and Gaizer, B. (ed.), *The Dynamics of Full Employment*, Edward Elger.

Schmid, G. (2002b), 'Toward a theory of transitional labour matkets', *ibid.*

Schmid, G. (2002c), 'Transitional labour markets and the european social model : towards a new employment compact', *ibid.*

Schmid, G. (2007), 'Transitional Labour Markets : Managing Social Risks over the Lifecourse', Discussion Papers SP I 2007-111, Wissenshaftszentrum Berlin fur Sozialforschung.

Schmid, G.（2013）, 'Sharing Risks of Labour Market Transitions：towards a System of Employment Insurance', *British Journal of Industrial Relations*, doi: 10.1111/bjir.12041

Schmid, G.（2014）, 'Beyond Flexibility：Active Securities for Flexible Employment Relationships', M. Keune, A. Serrano（ed.）, *Deconstructing Flexicurity and Developing Alternative Approaches*, New York, London.

Schmid, G. and Schömann, K.（2004）,'Managing Social Risks Through Transitional Labour Markets: Towards a European Social Model', TLM. NET Working Papers No. 2004-1

大和田敢太（二〇〇九）、「オランダの労働法改革におけるフレキシキュリティ理念と平等原則」、『日本労働研究雑誌』第五九〇号

スズキ、ケンジ・ステファン（二〇一〇）、『消費税25％で世界一幸せな国　デンマークの暮らし』角川書店

辻　明子（二〇〇九）、「社会設計としての労働移動を考える――デンマークを事例に」、『ＮＩＲＡ研究報告書』

豊泉周治（二〇一〇）、『若者のための社会学――希望の足場をかける』はるか書房

野村正實（一九九八）、『雇用不安』岩波書店

本田由紀・内藤朝雄・後藤和智（二〇〇六）、『「ニート」って言うな！』光文社

第4章

分断される現代日本の青年期

1　戦後型青年期の解体と「間断のない移行」の終わり

第3章では、デンマークを「幸福の国」へと到達させた一九九〇年代以降の社会政策について、とくに若者の「移行」問題を焦点として、雇用政策と教育政策とを結びつけた政策展開について、フレキシキュリティ、移行的労働市場そして生涯学習社会の観点から明らかにした。一方、一九九〇年代以降のこの時期、日本では長期にわたる経済的停滞が続き、二〇〇〇年代には若者の雇用問題が「無業の若者」の問題として表面化した。図表7（本書、一一五頁）のデンマークの失業率と図表10（本書、一三〇頁）の日本の失業率とを一九九一年から二〇〇七年までたどると、戦後に「奇跡の復興」を遂げて経済成長と「完全雇用」を達成した一九八〇年代までのジャパン・モデルが衰退し、一九九〇年代に「雇用の奇跡」を実現したデンマーク・モデルが日本を凌ぐ様子をくっきりと見ることができる。他方、第2章では、にもかかわらず、二〇〇〇年代の日本において若者たちの生活満足度（幸福度）が大きく上昇したことの意味、その潜在的可能性と限界とについて、コンサマトリーの概念をもちいて検討した。

本章では、デンマークの移行的労働市場と生涯学習社会との対比を念頭に、一九九〇年代以降における日本の若者の学校から仕事への移行期の変容、その危機的様相と、そこに生きる若者の経験とを、コンサマトリー化の歴史的背景としてとらえることを課題とする。そのことを通じて、もっ

図表14　離学者の正規雇用率

	1992	2002	2012	2017
15～19歳	68.8	40.3	47.0	54.4
20～24歳	83.1	60.5	62.0	69.1
25～29歳	82.6	71.0	68.4	72.9

（年）（％）

出所：就業構造基本調査を基に作成

ぱら批判的に言及されてきたコンサマトリー化という若者の価値転換が、日本における若者の移行期の構造的危機に対していかに対応するものであったのかを明らかにする。また、社会的支援を欠くこの国で、若者たちが未来を剥奪されかねない移行期の現実を「仲間」とともにどのように生きぬいてきたのかに注目し、そこにある可能性と課題について考える。それは、若者たちが生きる「幸福の環としての生活世界」のリアルに迫ることでもある。

まずは、一九九〇年代から二〇〇〇年代、そして今日へと、若者の〈学校から仕事へ〉の移行（以下、「移行」とする）がどのように変化したのかを見ておこう。

図表14は、五年ごとに行われる厚生労働省の就業構造基本調査を基にして、各年齢層の離学者が正規の雇用に就いている割合を算出したものである。各年齢層の「仕事が主な者」と、家事も通学もしていない「無業者」との合計（つまり各年齢層の総数から「家事をしている者」「通学をしている者」、仕事が従で「家事が主な者」「通学が主な者」「家事・通学以外が主な者」を除いた数）を分母として、そのなかで「正規の職員・従業員」として雇用されている者の割合（％）を算出した。その割合は、「学校を出たら就職する（＝正社員になる）」という、これま

で日本で一般に考えられてきた移行を果たした者の割合に相当する。それ以外の者は、「非正規の社員・従業員」か、家事も通学もしていない「無業者」であり、まだ移行を果たせていない者ということになる（ここでは便宜上、日本の伝統的モデルに従って、「家事をしている者」を「主婦」への移行を果たした者と見なした）。その上で、一九九二年と二〇〇二年の数値を比較すると、この一〇年間に、若者の「移行」をめぐる状況がどれほど大きく変化したかがわかる。

高卒者を中心とする一〇代で学校を離れた若者たちは、一九九二年には、約七割が「正規の職員・従業員」であったが、二〇〇二年になると、その割合は四割にまで激減している。大学・短大卒となる二〇〜二四歳の年齢層では、一九九二年には八割以上が「正規の職員・従業員」であったが、二〇〇二年にはその割合は六割に落ち込んだ。そして、ほとんどの若者が移行期を終えるはずの二五〜二九歳の年齢層でも、「正規の職員・従業員」の割合は一九九二年の八割強から二〇〇二年の七割へと低下した。さらに一〇年後の二〇一二年の正規雇用率を見ても、一〇代の割合が上昇に転じたとはいえ、ほぼ同様の状況である。その後の時期は、第二次安倍政権下で景気の拡大局面が続いたとされ（一時は「戦後最長」といわれた）、「過去最高」の就職率の発表（文部科学省）が続き、「ほぼ完全雇用」の水準に達したが、それにもかかわらず、二〇一七年における各年齢層の回復傾向はわずかなものであった。しかも二〇一〇年代になって「ブラック企業」という言葉が広く流通したように、リーマン・ショック後の雇用の劣化は著しく、回復傾向を示す正規雇用率は、「正社員」がもはや長期雇用を保障されるものではないという前提の上での、「正規の職員・従業員」の割合である。高度成長期以降、日本の若者の〈学校から仕事へ〉の移行を特徴づけてきた

「間断のない移行」は、こうして「バブル」が崩壊する一九九〇年代の初めをもって終わったと見ることができる。

一九九〇年代に入って訪れたこの急激な変化を、乾彰夫は、日本における「戦後型青年期の解体」と表現している（乾、二〇一〇）。「戦後型青年期」とは、上で述べた「学校を出たら就職する（＝正社員になる）」という、今の五〇歳代以上の大人たちが「普通」と考えてきた義務教育以降の〈学校から仕事へ〉の移行期のことである。乾は、そのこと、つまり卒業前年に学校経由の求人によって就職先が内定し、卒業後の四月一日に一斉に入社して社会人になるという青年期のあり方が、実は高度成長とともに一九六〇年代前半に一般化した「戦後型」の独特の青年期であったことを強調している。図表14で一九九二年の正規雇用率を示したが、就職者だけをとって、「仕事が主な者」を分母として「正規の職員・従業員」の割合を見ると、一五～一九歳の年齢層では八三・六％、二〇～二四歳の年齢層では八八・〇％にも達する。「学校を出たら就職する（＝正社員になる）」ことは、確かにこの時期まで、大多数の学卒者に当てはまる「普通のこと」だったのである。

その特徴は、この時期に定着した「新規学卒就職」（企業側からいえば「新規学卒一括採用」）という制度に枠づけられた、〈学校から仕事へ〉の「間断のない移行」であり、移行のルートをもっぱら「学力」によって競う「競争主義的」な学校生活への青年期の吸収であり、その結果として「学校に委ねられた職業選抜」であった。それは、エリート層ばかりでなく、人びとが一般に受容した「学歴社会」と「受験競争」の様相であり、教育学において論じられてきた学校と会社とを結ぶ「一元的能力主義」の成立であった。そして、この戦後型青年期に照応するのが、この移行期の教育（「受験」）に家族の関心を集中し、過大な教育費をも一手に負担する「教育家族」の誕生であり、第2章で述べた「他人に負けないように頑張る」という、中高生とその父母に内面化された「努力主義」であった。総じてそれは、日本型の能力主義（「道具的能力主義」）あるいは「メリトクラシーの大衆化」（苅谷、一九九五）だったのである。

こうした「新規学卒就職」にともなう社会的枠組みのために、「高校を含む公的な職業教育・訓練」が未成熟なままに、「若者向けの社会保障制度の必要性」も課題化されず、「熟練技能職を中心とした社会的中位水準職種へ向けての養成・入職ルート」が相対的に分離・自立化することがなかったと、乾は分析している（乾、同書、三九〜四一頁）。その結果、一九九二年の後に訪れた「間断のない移行」の突然の終わりは、戦後型青年期の様相を一変させることになった。正規雇用に就くことを「移行」の達成と考えるなら、図表14で見たように、二〇〇二年以後、「移行」を達成できる若者の割合は二〇代前半で六割、二〇代後半でも七割にとどまる。一九九二年までの大多数の若者にとって「普通」であった「間断のない移行」は、二〇〇二年には、多くの若者にとって、長期にわたる先の見えない不安定な「移行」の過程に変わっていた。ところが、一九六〇年から続いた戦後型青年期の仕組みの下で、この長期にわたる若者の移行を支える社会的な制度も、そうした若者を支援する人びとの意識も、ほぼまったくといってよいほどに用意されていなかったのである。とりわけ、それまで下位の移行ルートへと選別されていた若者たちは、この変化によって「非正規の社員・従業員」「無業者」へと追い込まれ、職業教育・訓練の機会もないまま、しばしば「フリーター」「ニート」とさげすまれ、移行ルートの途絶えた過酷な境遇を強いられることになったのである。

これまでバブル崩壊後のこの時期の就職難は、しばしば「就職氷河期」と呼ばれ、あたかも自然現象であるかのように、時とともにやがて過ぎ去る一過性の困難のように語られてきた。ところが、すでに見たように「過去最高」の就職率に達しても、「ほぼ完全雇用」にまで失業率が低下しても、若者の正規雇用率がかつての水準を回復することはなく、非正規雇用率は高い水準で推移してきた。乾が述べたように、問題は一時的ないし周期的なものではなく、「戦後型青年期」という社会的枠組み（システム）の「解体」だったからである。そのことを裏書きするかのように、周知のとおり一九九五年には、若者の「間断のない移行」の制度的根拠であった「日本的経営」の見直しが、『新時代の「日本的経営」』として、日経連によって宣言された（日本経営者団体連盟、一九九五）。

この報告書は、従来の「終身雇用」の慣行を見直して、雇用形態を無期契約の「長期蓄積能力活用型」、有期契約の「高度専門能力活用型」および「雇用柔軟型」という三グループに分割することを提言したことで知られる。「人間中心（尊重）の経営」の理念を掲げながらも、要するにこのグループ化が意味するのは、一九六〇年代に一般労働者までも含めて定着した「終身雇用」を再び基幹的労働者に限定し、「高度専門能力」を活用する労働者、およびその他の「雇用柔軟」な労働力としての一般労働者を、有期契約の「非正規雇用」へと方向づけることであった。その後の非正規雇用者の急増についてはいうまでもない。一九九〇年代前半に雇用者全体の二割程度であった非正規雇用率は、いまや四割に近づきつつある。この激変は卒業前の若者にとって、「終身雇用」の入り口であったはずの「新規学卒一括採用」の激減であり、「間断のない移行」がもはや「普通」ではない、曲折した移行過程をたどる不安定な青年期の始まりだったのである。

2 分断された労働市場と危機的な移行

身分的秩序から分断へ

「分断された労働市場」については、すでに第3章において「移行的労働市場」の概念を検討する際に、日本型の「完全雇用」である「全部雇用」を引き合いに出して部分的に述べた。野村正實の議論を引いて、そこで注目したのは、高度成長期以降における日本のきわだって低い失業率が、実はそれ以前の時代の低失業率も含めて、恒常労働力と縁辺労働力との分断によって成り立っていたということである。つまり、職を求める男性は恒常労働力として「全部」雇用される一方、おもに主婦のパートタイマーが担う縁辺労働力は、不況期には、主婦パートタイマーが専業主婦になることによって、非労働力（失業者ではなく）となり、失業率を上昇させなかったのである。一九五四年に登場したパートタイマーという雇用は、高度成長とともに主婦の雇用形態として増加を続け、上記の日本的経営および戦後型青年期の定着と一体になって、顕著に低い日本の失業率とともに労働市場の分断の基層を形づくったのである。

野村は、他の先進国と比較して日本のパートタイマーと正社員との賃金格差が著しく大きい理由について検討し、格差を説明する経済学的に合理的な理由は見いだせず、日本のパートタイマーを「身分」だとした大沢真理の見解が問題の本質をついていると述べた（野村、同書、一一四頁）。一九六〇年代における日本的経営の定着は、「終身雇用」の正社員である夫と家事労働を担う主婦との性別分業を前提とし、夫の配偶者控除（一九六一年に導入）の範囲内（現在は一〇三万円以下）で働く主婦のパート就労を促進し、一般化した。パートタイマーの低賃金は、経済学的に定まったのではなく、夫の「扶養」に入る主婦パートタイマーという「身分」に基づくものであり、さらには配偶者の有無にかかわらず、それがパートタイマーの「身分」の賃金水準となったのである。この時期の恒常労働力（男性）と縁辺労働力（女性）との分断は、「近代家族」のあたかも身分的な役割関係に即したものであり、その関係の内部にあるかぎり、またその関係を前提とする日本的経営が持続するかぎりにおいて、相互に補完的でもあった。

「身分」という暗黙の了解は、他方では戦後型青年期のあり方、その競争主義的な学校と学校に委ねられた移行の様相とも結びついていたことを忘れてはならない。「学歴社会」という言葉とともに「偏差値身分社会」といった言葉を想起する人も少なくないであろう。一方、「学歴社会」という言葉はもう古いと感じる人も少なくないかもしれないが、近年ではしばしば「学歴フィルター」という言葉が「就活」の話題とともに使われるように、学歴（学校歴）と就職との関係は依然として強いと見なければならない。それは今も続く「日本社会のしくみ」なのである。歴史社会学者の小熊英二は、学歴が「身分」と結びつく歴史的な背景を、日本型雇用の形成と学卒者の新規一括採用に求め、その起源を明治期にまでさかのぼって追究している。もとより戦前の日本では中・高等教育への進学（学歴の獲得）は社会の特権階層に限られたが、戦後の民主化によって、そして高度成長による日本的経営と新規一括採用の全般的な定着によって、その「しくみ」が日本社会全体に広がったというのである（小熊、二〇一九）。そのことによって、戦後型青年期が形成されたことはすでに述べた。そしてこの時期に、学歴が身分的な性格を帯びるという矛盾を深めながらも、学校と社会とをつなぐ「一元的な能力主義」によって、「一億総中流」と呼ばれた社会の統合が進んだのである。この身分的な秩序を内包した日本社会の統合と戦後型青年期がはっきりと「終わり」を迎えたのが、一九九〇年代だったのである。

小熊が述べたように、社会の「しくみ」そのものは、その後も社会の基幹的な部分においてモデルとして維持されてきた。その点でいえば「終わった」のは、このモデルの果たしてきた社会全般にわたる統合と包摂の機能なのである。若者にとって、新規学卒一括採用は今も「移行」の前提となる「しくみ」であるが、それはもはや「間断のない移行」を保障するものではなく、逆に「就活」の成否は、その後の人生のすべてを左右しかねない、人生の成否を決める最大の試練となった。

すでに述べたように、一九九〇年代の日本的経営の見直しは、長期雇用を前提とする各企業の内部労働市場（「内部」）を縮小する一方で、非正規の「柔軟な」雇用に依存する外部労働市場（「外部」）を生みだし、拡大した。その結果、新規一括採用のかつての統合と包摂の機能に代わって顕在化したのは、その「しくみ」に隠されていた分断と排除の機能であった。正規雇用と非正規雇用との分断は、かつての男性の恒常労働と女性の縁辺労働との身分的秩序を色濃く残し、学歴の身分的性格は、この時期から「移行」における分断と排除の指標となった。このような分断が進むなかで、現代の若者たち、とりわけ不利な条件を抱えた若者たちの「移行」は、正規雇用という「内部」から非正規雇用という「外部」へと排除される危険にさらされることになる。しかも「外部」には教育・訓練や社会的支援の「しくみ」がほとんどないために、その危険は、社会的な自立そのものを不可能とするような社会的な排除の危機にまで及んでいるのである。

このような若者の「移行」が「問題」として注目されるようになったのは一九九〇年代後半からのことだが、「フリーター」や「ニート」がもっぱら若者の意欲や意識の面から取りあげられたように、「問題」の根源が一九九〇年代における労働市場をめぐる社会構造の変化にあることは看過されがちであった。これに対して、二〇〇二年から二〇〇八年にかけて実施された、乾らによる高校卒業後の若者たちの「移行」過程についての追跡調査は、この構造的変化のなかで〈大人になる〉若者の困難と危機を、それぞれの「経験のプロセス」に即して分析した貴重な研究であった。ここでは、七年間、五回に及ぶインタビューによって「移行」の過程を追究したその膨大な研究成果の全容にふれることはできないが、乾による総括的分析を中心に、本書の論点に関わる範囲で成果の一部を参照したい。

乾らが調査対象としたのは、二つの都立高校普通科を二〇〇三年三月に卒業した八九人（第一回調査）で、そのうち三一人が第五回調査までインタビューに応じている。A高校は入学難易度が中程度の高校であり、B高校は入学難易度が学区内でもっとも低い高校である。調査は、「進学校」

を除いた学力階層中位以下の若者に焦点を当て、結果として彼ら彼女らの「移行」の困難さを浮き彫りにした。卒業後五年目にあたる第五回調査（二〇〇七年一二月〜二〇〇八年四月実施）に応じた三一人について見ると、その時点での経歴類型は、乾らの分類によると「標準」が一三人、「危機」が九人、「選択」が二人、「在学中」四人、「主婦」三人である（乾［編］、二〇一三、二四頁）。「標準」とは従来型の「比較的スムーズな直線的な移行」の類型、「危機」とは「資源に恵まれず限られた選択肢しかないがゆえに、スムーズな移行を果たすことができず、不安定な状況にとどまらざるをえない」類型、「選択」とは「恵まれた資源のもとに、比較的自由な選択を積み重ねながらその過程を渡ろうとしている」類型である（乾、二〇一〇、一一〇頁）。標準的か危機的かの違いは、必ずしも正規か非正規かの雇用形態の違いと一致するわけではないが（たとえば、資格取得後に契約職員として雇用されている場合は標準に準じる）、多くの場合は重なり合う。雇用形態だけを見ると、一二人が正規雇用であり、在学中と主婦を除く二四人中の五割である（乾［編］、二〇一三、二六頁）。図表14で見たように、この時期の二〇〜二四歳の正規雇用率は約六割であり、この調査ではやや低くなっているが、学力階層が中位以下であることを考えると不自然ではないだろう。限られた事例ながら、この調査は、都市部の高校を卒業した現代の若者の容易ならざる「移行」の縮図をくっきりと描き出している。

危機的な移行の経験

調査から確認できるのは、すでに述べたように、学歴と性別とがあたかも身分的な性格をともなって移行の不安定さと危機の類型に反映する現実である。学歴との関係を見ると、高卒・専門学校中退の場合は「標準」が四人、「危機」が六人、「選択」が一人であり、専門学校・短大卒の場合は「標準」四人、「危機」三人、「選択」一人であり、大学卒の五人はすべて「標準」である。高学歴であることが安定した「移行」の要件であるといってよい。学歴と職種との関連も強い。高卒・専門学校中退の場合は「専門・技術・管理・経営」の職種が一人、「事務・販売・サービス」が五人、「技能・生産・保安」が五人であり、専門学校・短大卒の場合は「専門・技術・管理・経営」六人、「事務・販売・サービス」二人、大学卒の場合は「専門・技術・管理・経営」三人、「事務・販売・サービス」二人である。そして「危機」の九人について見ると、男性が二人、女性が七人であり、出身校別ではA高校が一人、B高校が八人である。学歴格差とジェンダー格差が危機的な人生経歴に反映していること、とりわけ二重の格差にさらされる女性の学力下位層に「危機」が集中していることがわかるであろう。

こうした結果自体はおそらく予想されたことではあろうが、一人ひとりの七年にわたる移行の経歴に即して、その過程がどのような経験であったのかを確認できたことの意味は大きい。本書でとくにこの調査研究を参照したのも、この研究が、不利な条件を抱えた若者たちが危機的移行の類型に集中していることを確認しただけでなく、一人ひとりがその「危機」をどのように生きてきたのか、その「経験のプロセス」を丁寧に聴き取っているからである。その際、乾らが「経験」の意味を読み解く上で理論的な導きとしたのが、本書で論じてきた「道具的」と「コンサマトリー」とに照応する、「道具的」と「表出的」との対概念であった。すでに第2章において、新谷周平の研究を引いて、フリーターという進路をみずから選び取るノンエリートの若者の「地元つながり文化」について、道具性と表出性の概念をもちいて言及した。乾も、社会学者のN・リンの議論を参照して、移行に関わる社会関係資本の二つの機能をこの対概念でとらえ、学歴格差の背後にある出身家庭の階層格差を踏まえて、人間関係のネットワークの観点から若者たちの「移行」の経験を分析した。二つの側面は、次のように説明される。

「道具的側面とは、仕事探しや借金、あるいは誰かにベビーシッターを頼むなど、一定の目的を達成するために、その結びつきが役立つ場合である。それに対して表出的側面では、その関係は何かのための手段というよりは、関係の維持自体が目的にもなっている。表出的機能においては、お互いの心情が共有され、フラストレーションが解消され、あるいは抱えている深刻な課題や問題が理解され、お互いの精神的価値や尊厳が強化される。」（乾、二〇一〇、一九七頁）

「間断のない移行」の時代が終わり、移行過程の不安定化と個人化が進行する今、若者たちはそれぞれの社会関係資本（ネットワーク）を頼りにして、現代の不安定な移行過程を渡ってゆくことになる。標準的な移行過程をたどる若者に比して、危機的移行過程にある若者の社会関係資本は総じて乏しい。そのなかで乾らが注目したのは、ストリートダンサーに注目した新谷の研究と同様に、危機的な移行過程にある若者たちが取り結ぶ「地元ネットワーク」であり、そのネットワークのもつ表出的機能であった。B高校を卒業し、長期間にわたってフリーター状態でさまざまな職を渡り歩いている女性たちの多くが、卒業後も高校時代のつながりを維持して、地元でお互いのネットワークを形成していたという。

彼女たちのネットワークは、お互いにアルバイトを紹介しあうなど、道具的な機能も併せもつが、それらのアルバイトはしばしば「性的サービス労働」の周辺にあって、いかにも不安定でありリスクをともなうものでもあった（杉田、二〇一五）。だが、「その一方で、表出的機能としては、大きな役割を果たしている点が、重要である」と、乾は述べている（乾、二〇一〇、二三〇～二三一頁）。「仕事の不安定さ、家族の貧困、家族との葛藤など」の多重の困難を抱えた彼女たちの移行過程において、愚痴をいい合ったり、一緒にイベントに出かけたりする同輩同士の人間関係が、救いとなり支えとなっていたという。「彼女たちのネットワークは、不安定で先が見えず、精神的に追い込まれた存在論的な安心の危機に際して、それをぎりぎりのところで支えているものでもある」。そうした「不安定な労働、ゆるやかなつながり」のなかにある彼女たちの移行過程を、さらに高卒後一二年目まで追い続けたのが、杉田真衣の『高卒女性の12年』である。彼女たちのその後のライフ・ヒストリーを追って、杉田もまた、「不安定労働を所与のものとして生きていく」彼女たちが、「流動化する世界」にあっても「ゆるやかなつながりをつむぐ」ことで、「自分たちの生活世界を立ち上げようとしている」ささやかな生活の営みを、注意深くとらえた。

乾らの調査によって、「間断のない移行」の終わった後の時代の「移行」について、主に危機的な移行類型に注目して、その具体的な経験の様相を見てきた。とりわけフリーターを続ける高卒女性たちの危機は深く、彼女たちの移行経験はもはや安定した仕事や大人へと向かう「移行」というよりも、分断された不安定な労働市場をさまよう「漂流」のような不確かな経験の連続であった。だが、「そのような状況においてなお、主体的に自分自身の人生をつくりあげてゆく『航海者』としての側面を見落としてはならない」（杉田、同書、二一八頁）として、杉田のインタビューは続けられた。そこから浮かび上がったのは、地元ネットワークのもつ表出的機能の重要性であり、ゆるやかなコミュニティに支えられた、自分たちなりの〈社会〉、生活世界をつくりだそうとする兆しであった。

乾らの研究は、「フリーター」「ニート」に向けられた世間の厳しいまなざしに対して、困難を抱えた若者一人ひとりの経験に寄り添うようにして調査を進め、地元のネットワークを相互に支えとしながら「なんとかやってゆく」、彼ら彼女らの経験のプロセスを明らかにした。本書にとってこの研究がとりわけ重要なのは、二〇〇〇年代に入って顕著に幸福度を高めた日本の若者たちのコンサマトリー化の意味が、社会構造の歴史的な変化とそのなかを生きる若者自身の経験に即して、照射されているからである。

第2章で述べたように、私はこの時期における若者のコンサマトリー化を、「暗い時代」を生きぬくための価値転換ととらえ、デューイの議論に由来する「コンサマトリー」と「道具的（インストラメンタル）」の対概念に依拠して、「人間の経験」の二つの側面から再検討した。戦後型青年期における能力主義による移行の「しくみ」は、「他人に負けないように頑張る」道具的な価値（道具的能力主義）を若者に内面化させたが、戦後型青年期の解体は、その「しくみ」を限られた正規雇用の「内部」においてのみ維持して、能力主義の周辺に位置する若者たちを非正規雇用の「外部」へと放り出した。一方、「外部」に放り出された若者たちは、この「しくみ」から自由な、コンサマトリーな、あるいは表出的な経験を糧として、道具的能力主義からの価値転換とともに苦境を生きぬいてきたのである。まさしくそれは、フリーターを「所与のもの」として、地元のネットワークをつむいで「なんとかやってゆく」、彼女たちの経験であり「ぎりぎりの」生き方であった。そして彼女たちだけでなく、「内部」に生きる少なからぬ若者たち、男性たちもまた、過酷さと不透明さを増すばかりの「しくみ」のなかで、しだいに現在の「幸福」を指向して、この価値転換に続いたのである。

3 分断から架橋へ

分断する社会、分断される幸福

フリーターの高卒女性たちの移行経験をクローズアップしたが、もとより彼女たちの経験をことさらに特筆して、そこに友人関係のネットワークのモデルや理想を描こうとしているわけではない。戦後型青年期の「間断のない移行」が終わり、それぞれの移行過程が「個人化」されて自己責任となったとき、フリーターの彼女たちが依拠することのできた唯一の資源が、地元ネットワークの表出的な経験だったのである。デューイが述べたように、それは人間的な経験にとって根源的な資源であり、潜在的な可能性の中心でもある。だが、それらの経験を支えとして彼女たちがしばしば深刻な苦境を乗り越えることができたとしても、さらに他の資源や手段に恵まれなければ、彼女たちがそれぞれの危機的な移行期を渡りきることも、自分たちなりの〈社会〉を立ち上げることもまた困難であろう。そして、このような若者たちが「外部」に取り残されるとき、分断された（セグメント化された segmented）労働市場は、分断された（divided）人生と社会を生み出すことになる。彼女たちの経験は、今の日本の社会が「分断社会」へと変化しつつあることを証言するものでもある。

乾らの調査が開始された頃、一般に注目を集めたのは「フリーター」「ニート」を「意欲のない若者」として非難する若者批判論であったが、二〇〇〇年代後半になると若者の格差や貧困が注目されて「格差社会」が論じられるようになり、近年では「分断」という言葉も目につくようになった。「格差」であれば、かつて小泉元首相が「格差のない社会はない」と発言したように、受け取り方はさまざまでありうるが、「分断」には「放置すべきではない」という含意がほぼ共有されていると思われる。それは二〇〇〇年代以降の格差の拡大と深刻化の結果だが、そのことは、乾らの質的な調査においてだけでなく、この間の大規模な計量的な調査によってもしだいに明らかにされてきた。とくに計量社会学者の吉川徹らによる二〇一五年の「階層と社会意識全国調査」（SSP2015）では、乾らの調査を引いて論じてきた本書の議論との関連において、いくつかの興味深い調査結果が示されている。

吉川は、「分断」という用語を早い時期からもちいて学歴社会の変容を追究してきた。『日本の分断』（二〇一八）では、四〇歳を境とする壮年／若年の区分、そして男／女、大卒／非大卒、という三つの区分によって二〇歳から五九歳の「現役世代」を八類型に分け、それぞれの生活や意識の実態を明らかにしている。若年非大卒男性、若年非大卒女性、若年大卒男性、若年大卒女性、壮年非大卒男性、壮年非大卒女性、壮年大卒男性、壮年大卒女性が、その八類型である。吉川は、上記の調査（ＳＳＰ２０１５）と「社会階層と社会移動全国調査」（ＳＳＭ２０１５）のデータをもちいて、それぞれの収入や職業、家族関係について集計し、相互に比較・分析し、「人生の分断」を浮き彫りにした。吉川も述べているように、そこに新しい発見があるわけではないが、これまで一般に指摘されてきた「現代日本社会の格差」が、壮年／若年、男／女、大卒／非大卒という三つの分断の交わりのなかで結ばれる一つの「実像」として、再確認された。吉川によれば、この「分断社会」の根幹をなすのが大卒か非大卒かの「学歴」であり、低学歴ゆえに不利な境遇におかれる若年非大卒男女、とりわけ政策的支援の対象とされにくい若年非大卒男性が、現代日本社会において切り離され、分断されつつあるというのである。

　ここまで本章では、戦後型青年期に内在していた学歴と性別による身分的秩序が、戦後型青年期の解体にともなって、若者の正規雇用と非正規雇用への分断をもたらしたことを述べてきた。吉川の分析は、おおむねこの認識に重なり、二〇一五年の時点に至って、この分断が社会を支える現役世代の「人生の分断」の様相を呈していることを、計量的に示した。さらに「幸福な若者」に注目してきた本書の主題にとってとりわけ興味深いのは、八類型の「主観的ウェルビーイング」についての分析結果である。ＳＳＰ２０１５の四つの質問項目を取りあげ、階層帰属意識（一〇段階）、

図表15　各類型の主観的ウェルビーイング

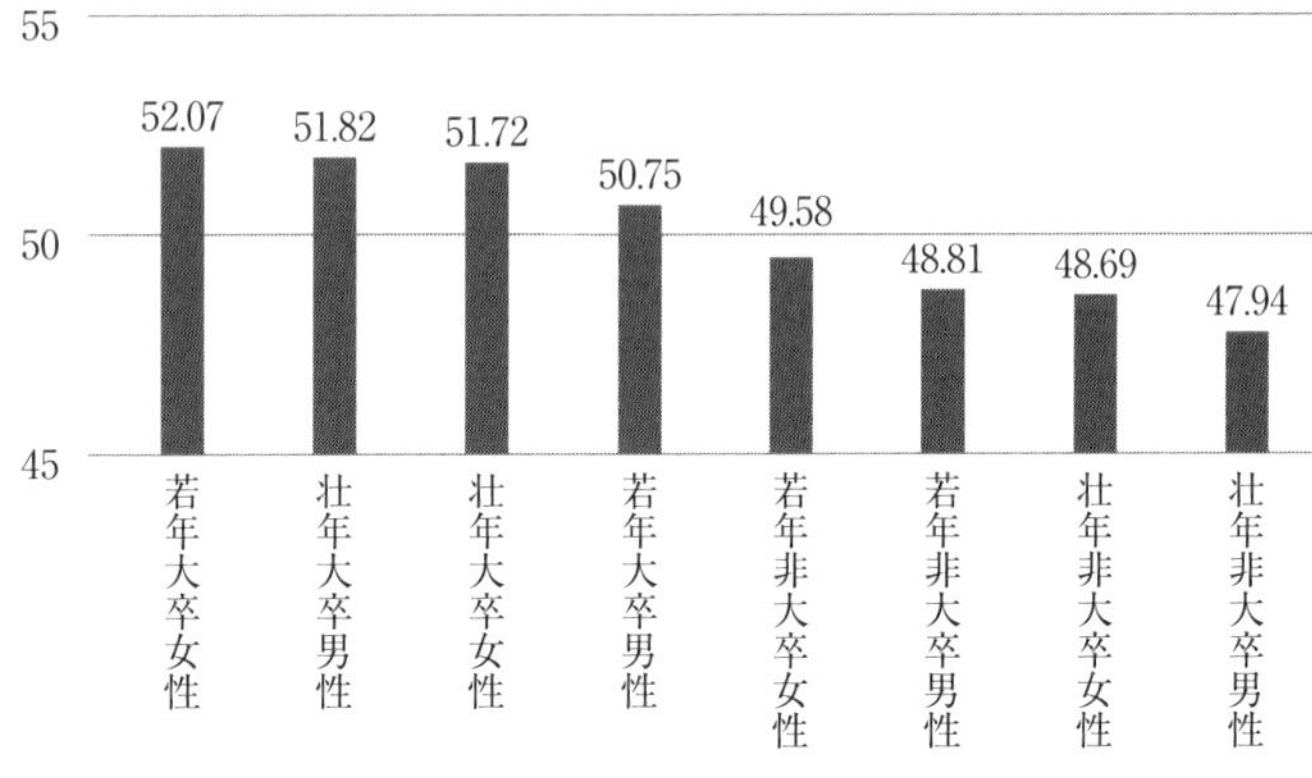

出所：吉川，2018，173頁，グラフ作成は豊泉

生活満足度（五段階）、幸福度（〇から一〇点の一一段階）、主観的自由（「私の生き方は、主に自分の考えで自由に決められる」、五段階）についての回答をそれぞれ偏差値に換算して、それら四項目の平均値（総合得点）によって、各類型の「主観的ウェルビーイング」が数値化された。得点順にならべると、若年大卒女性五二・〇七、壮年大卒男性五一・八二、壮年大卒女性五一・七二、若年大卒男性五〇・七五、若年非大卒女性四九・五八、若年非大卒男性四八・八一、壮年非大卒女性四八・六九、壮年非大卒男性四七・九四、である（図表15）。

　このデータから吉川が述べるのは、「幸福な若者」仮説に対して、実は「幸福な若者」は「大卒層だけ、とりわけ若年大卒女性」に限られており、「幸福な若者」論者たちは「非大卒層への目配りを欠いた語り」に偏っている、という批判である。その点については以下で述べるが、「幸福な若者」について検討してきた本書の議論を踏まえて、まず注目したいのは、次の点である。なぜ若年大卒女性は、八類型の社会経済的な分析において「一人勝ち」とされた壮年大卒男性よりも、また「ゆとりある生き方」と評された壮年大卒女性よりも、「幸福度」が高いのか。さらに、社会経済的条件に恵まれない若年非大卒男性・女性は、なぜ総じてより恵まれた条件下にある壮年非大卒男性・女性よりも「幸福度」が高いのか。二〇一五年における四〇歳未満という年齢区分は、おおむね「就職氷河期」以降に社会に出た若者に相当する。要するに、「就職氷河期」以降の若者は、同学歴の場合（若年大卒男性を除いて）、なぜそれ以前の世代よりも「幸福度」が高いのか。いうまでもなく、これらの問いは、本書の第2章において、コンサマトリー化の概念をもちいて、その潜在的可能性を含めて論じてきたことである。吉川のデータは、本書の問いに対して計量的な根拠を示したことになる。

一方、吉川自身は、こうした問いを立てることはなかったが、「非大卒層への目配りを欠いた語り」に偏っているとして、「幸福な若者」論が「分断」を不可視化する傾向を批判し、不遇な若年非大卒男性の厳しい現実への理解と共感を求めた。上記の「主観的ウェルビーイング」の数値に戻って確認すれば、同じ四〇歳未満の若者でも、大卒男女の方は五〇点を超えるのに対し、非大卒男女は五〇点未満であり、非大卒男性がもっとも低い。八類型のなかでは壮年非大卒男性が最低であり、吉川は、こうした非大卒男性の現実を、アメリカでトランプ政権を生む一因となったとされる、中流から分断された一部の白人労働者階級の境遇に重なるものととらえた。

この問題は、生活への「満足」か「不満」かの二つの選択肢からは見えてこない、日本における「幸福度」の分布の問題である。別稿において私も、「国民生活に関する調査」における高い生活満足度に注目する際に、それが生活程度を「中の中」以上と回答する人びとの「満足」であり、「中の下」「下」と回答する人びとでは高い「不満」が示されていることに注意を喚起した（豊泉、二〇一六、八六頁）。吉川らの調査結果からは、その点をより鮮明に見ることができる。吉川らは、上記の「主観的ウェルビーイング」に関わる項目のなかで、「生活全般」の満足度については、「満足」「どちらかといえば満足」「どちらともいえない」「どちらかといえば不満」「不満」の五件法で、幸福度については「とても幸せ」を一〇点、「とても不幸」を〇点として、「何点くらいになると思いますか」と、一〇点法で質問している。その回答結果が図表16と図表17である。

生活満足度では「どちらかといえば満足」が多いとはいえ、総じて高い満足度が示されているが、幸福度の得点分布を見ると、五点と八点をピークとする二つの山があることがわかる。総じて高い生活満足度の背後に、二つの水準の幸福度の分布が隠れていることが考えられる。これを「幸福」の二重構造、あるいは「分断」と呼ぶことができるであろう。このデータは若者に限ったものではなく、二〇歳から六四歳の成人を対象としたものだが、吉川が示したように、「幸福な若者」にも、おそらくは大卒と非大卒とを分断の重大な指標とする、この二重構造が及んでいると考えられる。さらに、第1章で検討した国連報告書の幸福度ランキングにおける日本の順位をふり返ってみれば、このことがランキングに大きく影響していたことに気づくであろう。同報告書には国ごとの得点分布のデータはないが、地域ごとにまとめた得点分布が示されており、西欧諸国においても、北米の諸国においても、七点ないし八点をピークとする右側に偏った一つの山の分布が見られる。国ごとの平均値で比較される幸福度ランキングにおいて日本が欧米の先進諸国に及ばない理由

図表16　生活満足度

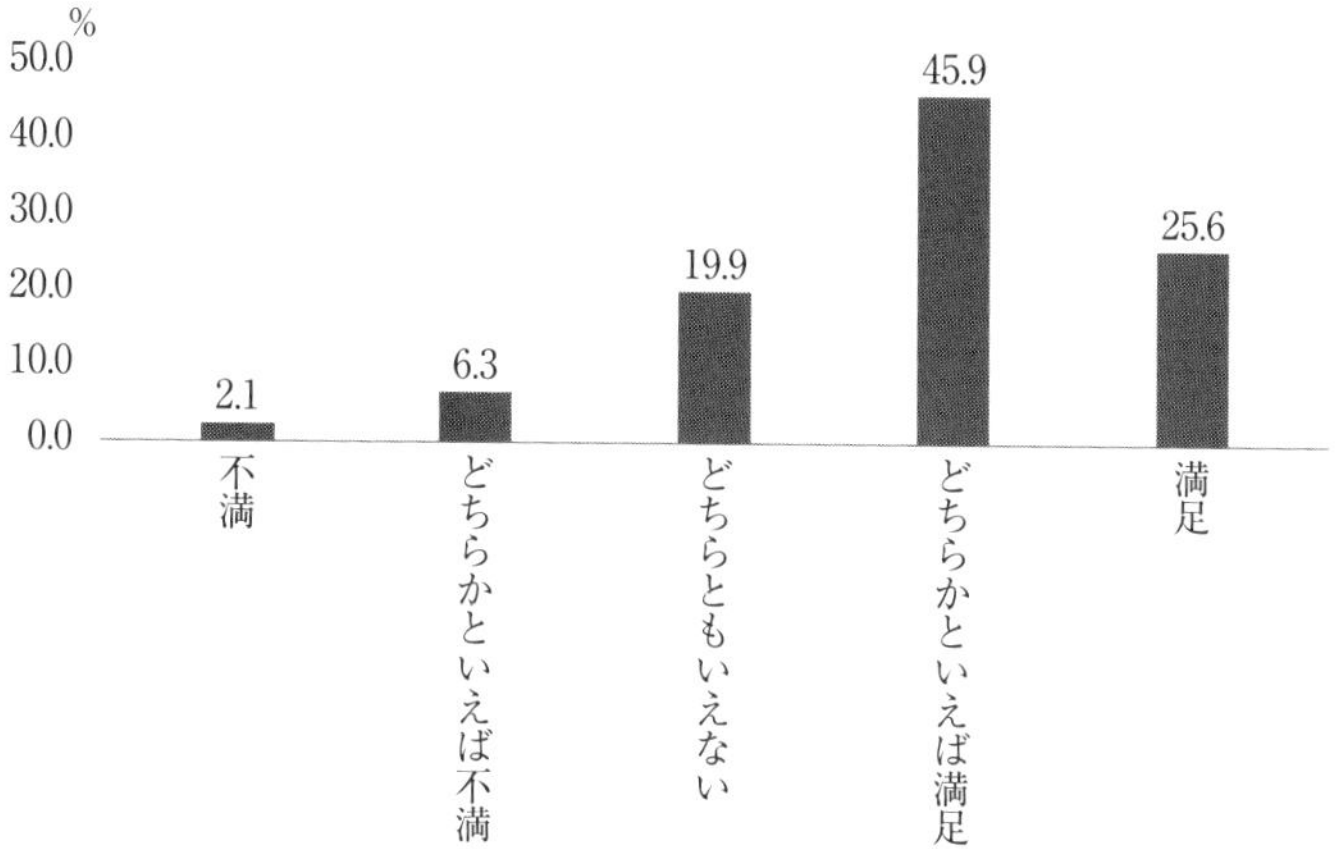

出所：SSP プロジェクト，2016，基礎集計表，グラフ作成は豊泉

図表17　幸福度

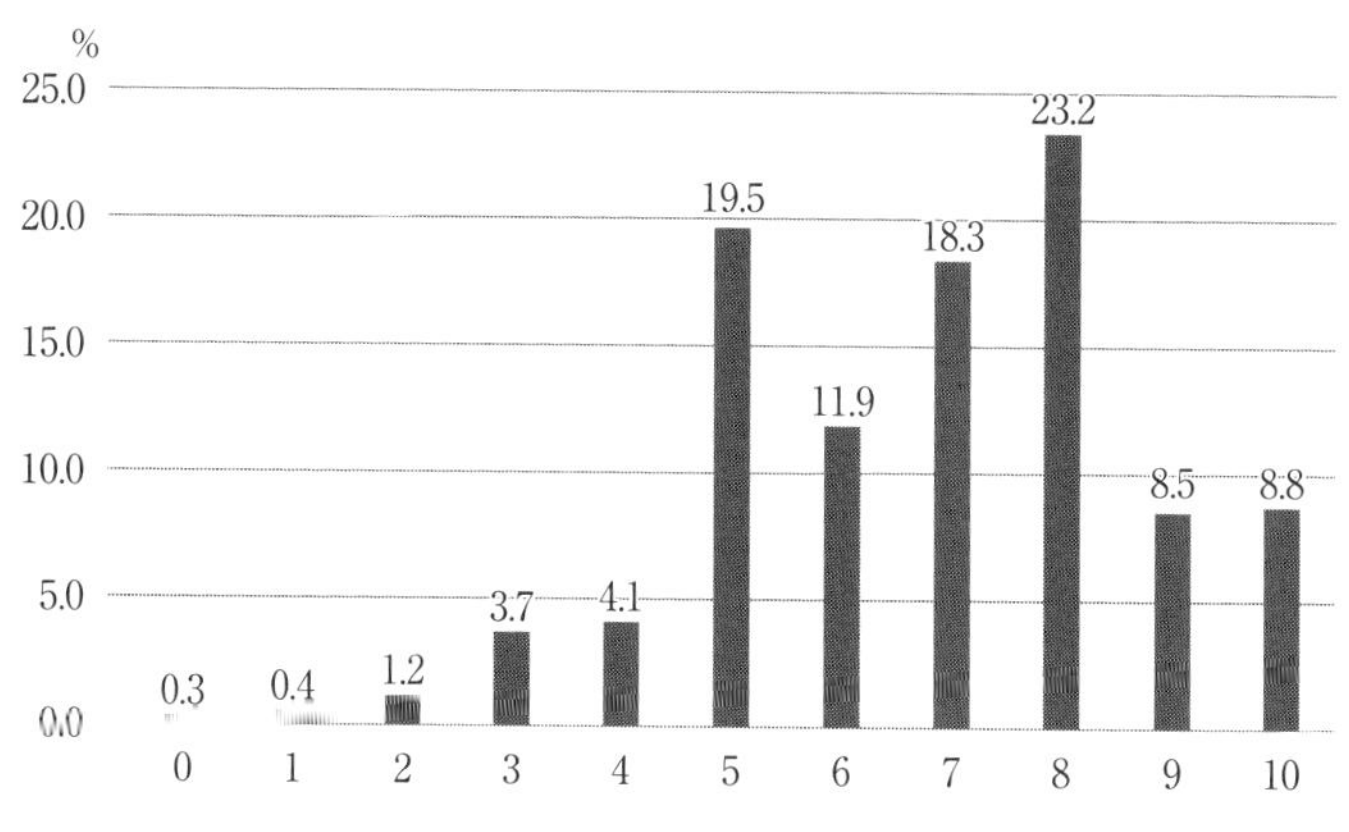

出所：同上

は、こと得点分布の点から見るかぎり、この二つのピークの存在によって平均値が低くなるからであり、いいかえれば日本の幸福度の停滞は、こうした幸福の「分断」に起因しているのである。

高校中退をめぐって

乾らによって二〇〇二年から二〇〇八年にかけて実施された高校卒業後の若者の移行過程に関する質的調査と、吉川らによって二〇一五年に実施された「階層と社会意識」に関する計量的調査に依拠して、若者の移行過程に焦点を当てて、この時期に露わになった「分断社会」の現実について見てきた。前項で「分断」という言葉には「放置すべきではない」という含意が共有されていると述べたが、質的であれ、計量的であれ、調査研究そのものから問題への対策や処方箋がただちに導かれるわけではない。乾は、困難な移行過程を生きる若者一人ひとりの経験を聴き取りつつ、個人化された危機を乗り越えるためのネットワークやコミュニティの役割に注目した。吉川は、大卒層と非大卒層の分断を計量的に明らかにしつつ、「共生社会」という言葉で、大卒層と非大卒層との相互理解を図り、「大卒層だけをみている社会」からの脱却を求めた。だが、ネットワークやコミュニティという資源もまた、今の日本では幸運な個人だけに恵まれた社会関係資本なのではないか、あるいは「共生」や相互理解という言葉は、「分断／セグメント化」を既定の現実とする発想にとどまってはいないかどうか。調査結果を受けて検討すべきことは多い。

この二つの調査からも明らかなように、今の日本が「分断する社会」への道を進んでいることは間違いないが、それに対して「分断しない社会」はどのように構想されるのであろうか。戦後型青年期の解体からすでに三〇年余りが経過し、そうした社会への構想力さえも枯渇しがちな現代日本に対して、本書ではこの間のデンマークの教育・社会政策を取りあげて、「分断する社会」に向かう力学とせめぎ合いながら追求された「架橋する社会」の構想と現実とを見てきた。第3章で述べたように、その核となった理念が移行的労働市場と生涯学習社会であった。そして問題の起点となったのは、若者の高失業率と青年教育（後期中等教育）からの中途退学（中退、ドロップアウト）であり、問題解決の鍵とされたのが「教育とアクティベーション」であり、青年教育の修了率を九五％以上に引き上げるという目標であった。いわば、この目標から、「社会的な橋」を架ける移行的労働市場（フレキシキュリティ）の政策も、学校教育と成人教育とを生涯にわたって縦横に結ぶ生涯学習戦略も導き出されたのである。

ところで日本においても二〇〇〇年代初めまで、後期中等教育からの中途退学（高校中退）は、主要な教育問題の一つとして取りあげられていた。一九八〇年代から小中学校での登校拒否・不登校が大きな社会問題となり、これを追うようにして当時一〇万人を超えていた高校中退がもう一つの「学校不適応問題」として注目されたのである。高校中退者数のピークは一二万人を超えた一九八九年と一九九〇年、中退率のピークは二・六％に達した二〇〇〇年と二〇〇一年であった。だが、二〇〇〇年代に入ると中退者・率は大きく低下傾向を続けて、二〇一九年には中退者数は四万二〇〇〇人台でピーク時の三分の一、中退率は一・三％でピーク時の半分にまで低下し、高校中退問題は深刻な状況をすっかり脱したかのようである。この間、高校中退が「学校問題」として言及されることは著しく少なくなった。ところが、リーマン・ショック以降、「若者の貧困」が注目されるようになり、高校中退は「いま、貧困がうまれる場所」として、再びクローズアップされることになったのである（青砥、二〇〇九）。このチグハグさは、なぜ生じたのであろうか。

ここでは、青年教育の修了率九五％以上を目指すデンマークと対比しながら、この間の日本における高校中退をめぐる問題状況を検討し、本書のここまでの議論をふり返って、デンマークにおける「架橋する社会」の構想とその意義を再確認したいと思う。

そこで、まず述べておきたいのは、後期中等教育からの中退者の増加を前にして、九五％以上の修了率を目指したデンマークに対して、日本では後期中等教育の修了率の引き上げを目標とする政策はとられなかったという点である。この姿勢は、文科省による中退率の算出の仕方からも見てとれる。日本で公表される高校中退率はピーク時でも二・六％ときわめて低く、高校中退問題が限られたごく一部の問題であるとの印象をもたせるが、その数値は各年の全在籍者中の中退者の割合であって、高校入学者の九七・四％が高校を卒業したことを意味するわけではない。デンマークにならって考えるなら、そして今の日本における高卒資格のない若者の困難な境遇を考えるなら、押さえなければならないのは、高校を卒業せずに社会に出る若者が同年齢でどのくらいの割合に達するかであろう。ところが、その点について確たる公的データが整っていないのが日本の現実なのである。

とはいえ、三年前の中学校卒業者数から考えれば、大まかな数値を割り出すことは容易である。学校基本調査を基にして二〇一九年三月の高校、中等教育学校後期課程、特別支援学校高等部、高等専門学校の卒業者数の合計を、二〇一六年三月の中学校、中等教育学校前期課程、特別支援学校中学部の卒業者数の合計で割ると、九一・八％となる（高専は五年制だが、誤差の範囲とした）。これを仮に後期中等教育の修了率と見立てるならば、高校中退率一・三％という公的に発表される数値のイメージとは異なって、日本では現時点でも同学年のおよそ一〇％近くの若者が高卒資格をもたずに社会に出ていることがわかる。もっとも今の日本では、この数値を見ても、義務教育ではないのだから「自己責任」だとする反応も少なくないであろう。

では、なぜ二〇〇〇年代以降において高校中退者数、中退率が大きく減少したのであろうか。この点については教育社会学者の酒井朗が明らかにしたように、一言でいうならば、この時期に高校からの「中退」ではなく、代わりに私立通信制高校への「転校」が大幅に増えたからである。一九九〇年に一七校しかなかった私立通信制高校は二〇〇〇年代に急増し、二〇一五年には一六〇校に達し、生徒数も、少子化のために全日制や定時制の生徒数が大幅に減少したのに対して、私立通信制では七・〇万人から一一・三万人へと増加した（酒井、二〇一八、八四頁）。こうした動向は、一九九三年四月の文部省通知（「高等学校中途退学問題への対応について」）において、「対応の基本的な視点」として、九五％以上の高校進学率を踏まえて「高等学校教育の多様化、柔軟化、個性化の推進を図ること」、あわせて「就職や他の学校への入学などの積極的な進路変更」への配慮が求められたことと、軌を一にしている。酒井によれば、とくに株式会社立の学校設置が可能になるなど二〇〇〇年代前半の構造改革・規制緩和によって、この時期に、メインストリームの学校に適応できない若者にとって、私立通信制高校という「多様化・柔軟化・個性化」した高校教育の「リブ市場」が発達したのである。

だが、上記の九一・八%という二〇一九年の数値が示しているとおり、この「サブ市場」は、相当数の若者に退学ではなく「転校」の道を開いたものの、必ずしも修了率を押し上げるものではなかった。中退率がもっとも高かった二〇〇〇年の仮の修了率を算出すると八八・九%であり、若干の上昇があったともいえるが、酒井が述べるように、むしろ顕在化したのは、「サブ市場」の発達という高校教育市場の拡大であり、教育市場内部での新たな分化（分断）であった。そして、こうした状況を生む背景となったのが、高校は「高等学校教育を受けるに足る資質と能力」を有する者が入学を認められるとする、かつて高校進学の急増期に文部省から通知されたいわゆる「適格者主義」（一九六三年）であった。それは、中退を「積極的な進路変更」といいかえる上記の一九九三年の文部省通知からも読み取ることができるであろう。今日では教育行政が「適格者主義」を公言することはないが、高校進学率が九八%台に達した今も、依然として「能力」が選抜と排除の基準であり、中退は「適格な」能力に欠ける者の自己責任の結果なのである。そして、そこから生まれる新たな教育的需要に対応して、私立通信制高校という「サブ市場」が発展したのである。

かつて高度成長の時代、通信制高校は、中卒で集団就職した「金の卵」たちに働きながら高卒の資格を取得する機会を提供する制度として、重要な役割を果たした。その後、高校進学率の上昇とともにいったん生徒数は減少したが、一九八〇年代から中退者の転入が見られるようになり、一九九〇年代には生徒数は増加に転じ、二〇〇〇年代になると私立通信制高校の急増によってさらに大きく増加したのである。そこにはどのような教育的世界があるのだろうか。

通信制高校の実態と実践を調査した阿久澤麻里子らの研究によれば、通信制高校、なかでも多様な設置形態をとる私立の通信制高校は、編転入生の学び直しの機会となっているだけでなく、さらに心理的支援、社会的支援、社会への移行支援など、「総合的支援の場」となっているという。だが、他方では、履修実態のない「非活動生」や高い中退率、卒業後の進路も「進学と就職」以外の者（「いわゆるニート状態」）が四割強を占めるなど、通信制が後期中等教育の保障という点では大きな課題を抱えていることも明らかにされた（阿久澤ほか、二〇一五）。社会への移行の達成という点での課題は大きく、分断された「サブ市場」は依然として「貧困がうまれる場所」（青砥恭）なのである。こうした実態を踏まえて阿久澤らは、「〝ドロップアウトするのは自己責任〟という適格者主義が根強く、一人ひとりの支援ニーズに応えようとする取り組みは一般的ではない。通信制高校の実践は、高校における学習権保障とは何か、という根本的問いを投げかける」と述べている（阿久澤ほか、二〇一五、はじめに）。

架橋する社会へ

二〇一〇年からの高等学校就学支援金制度が拡充されて「実質無償化」が謳われるようになったが、それだけで高校における学習権が保障されるわけではない。その点からふり返れば、高等教育も含めて教育費がほぼすべて無償化されているデンマークにおいて、青年教育の九五％以上の修了率を目指して進められた一九九〇年代以降の教育・社会政策が、この根本的問いに対する一つの回答であったことがわかる。第3章で見たように、デンマークにおける後期中等教育の修了は、日本のような卒業単位の取得にとどまるものではなく、就業のための資格取得であり、学校から仕事への移行の最初の段階として、労働市場への参加の保障を目的とするものであった。ここでは学習権の保障は、学校から仕事への移行の保障であり、社会参加と社会的統合の保障を目指すものである。そのために、就業後にさらに次の資格取得を目指すプロセスも含めて、メインストリームの学校教育とフォーマルないしノンフォーマルな成人教育とを架橋し、あるいは学校での教育と就労の場での教育とを架橋して、いくつもの「社会的な橋」によって、縦横に結ばれた移行的労働市場と生涯学習社会の構築が図られたのである。

小熊英二が分析したのは、教育と雇用との一回限りの結びつき（新規学卒一括採用）によって学歴が身分的秩序に変化するという、明治期から今日まで続く「日本社会のしくみ」であった。本章で述べてきたように、それは、戦後の民主化を経て高度成長とともに形成された戦後型青年期においても、身分的秩序を内在させた学歴社会として、若者の「間断のない移行」と社会的統合とを進める原理となった。「他人に負けないように頑張る」という価値観を広く国民全般に浸透させたのも、この原理であった。しかし、一九九〇年代になると、この「しくみ」の統合機能は解体、再編されて、二〇〇〇年代に入ると、周辺化された若者にとって、統合ではなく、分断と排除の「しくみ」として顕在化した。それとともに「他人に負けないように頑張る」のではなく、「のんびりと自分の人生を楽しむ」という若者の価値転換（コンサマトリー化）が進行したのである。だが、小熊が述べたように、あるいは乾や吉川の調査が示したように、この「しくみ」は今も日本社会の基幹的部分を支配する原理であり、依然として分断と排除を生む「日本社会のしくみ」であり続けている。

およそ一〇〇年前、デューイが、近代社会の生活と文化における「断絶と両立不可能性」、その混乱と袋小路の原因を、人間の経験における道具的な側面とコンサマトリーな側面との乖離と分裂に見いだしていた。デューイの思想に学ぶなら、今の日本においてもまた社会の閉塞と人生の袋小路のなかで、人間の経験の分裂、道具的な経験とコンサマトリーな経験との乖離が進み、社会の分断を加速させているといえるであろう。デューイは「機械時代」が到来する時代において、私たちは「機械時代」が終わろうとする時代において、この分断に直面している。一方、本書で見てきたデンマークの挑戦は、デューイの思想から見れば「人間の経験」の可能性あるいは「人間性の可能性への信頼」に基づいて、いくつもの「社会的な橋」を架けて、人びとの人生の危機と分断とを回避する社会の「しくみ」づくりを進めるものであった。

第1章においてF・フクヤマを引いて言及したように、現代政治の目標が「デンマークに到達すること」であるとすれば、その目標（理念型）としての〈デンマーク〉は、若者の現在と未来を視野の中心に置くとき、このような架橋する社会の「しくみ」づくりのなかに見いだすことができると思われる。第1章では「幸福の国」としてデンマークを「最小の格差と最大の信頼」という言葉で括ったが、それがデンマークの政治と社会づくりの結果であることを述べた。国連報告書の「幸福」の説明変数に戻っていえば、若者の「移行」をめぐるデンマークの教育・社会政策は、「他人に負けないように頑張る」のではなく、「自分の人生を選択する自由」への満足度を高め、とりわけ不利な境遇の者に焦点を当てて、誰もが自由のケイパビリティを享受することを目指したものといえる。それは、「最小の格差と最大の信頼」へと通じる社会的投資であるとともに、「援助が必要なときにはいつでも頼れる親族や友人をもっている」という信頼と寛容に支えられた生活世界が当たり前の日常として生きられる、「生き方としての民主主義」（デューイ）への制度的基盤でもあったのである。

一方、第1章で見たように、「自分の人生を選択する自由」の満足度のランキングは、四位のデンマークに対して、日本は七三位であった。デンマークと日本の幸福度（主観的ウェルビーイング）の大きな格差は、こうした両国の異なる社会の「しくみ」と異なる政治、政策から生まれていることをあらためて確認しておきたい。本書では、若者の移行過程に焦点を当てて、デンマークの政策と対比してその点を明らかにするとともに、旧来からの「日本の社会のしくみ」の根強さに注目した。そして同時に追究したのは、一九九〇年代以降の「しくみ」の解体・再編のなかで、「他人に負けないように頑張る」のではなく、「のんびりと自分の人生を楽しむ」ことに「幸福」を感受する、二〇〇〇年以降の日本の若者の価値転換（コンサマトリー化）の意義であった。それは、デンマーク人が享受する「ヒュッゲ」とはただちに重なるものではないが、その価値転換の先にある異なる社会と政治への希望と可能性とを、それぞれの困難な経験に即して表明するものであることを本書では強調してきた。その点からいえば、「分断」の時代は、この時代を生きる若者一人ひとりにとって、やはり「不可能性の時代」でも「絶望の時代」でもない。異なる未来に向けて「橋を架ける」こともまた、そこから始めなければならない。

［引用文献］

青砥　恭（二〇〇九）、『ドキュメント高校中退――いま、貧困がうまれる場所』筑摩書房
阿久澤麻里子ほか（二〇一五）、「通信制高校の実態と実践例の研究――若者の総合的支援の場としての学校のあり方」、科学研究費補助金基盤研究（C）、研究成果報告書
乾　彰夫（二〇一〇）、『〈学校から仕事へ〉の変容と若者たち』青木書店
乾　彰夫［編］（二〇一三）、『高卒5年　どう生き、これからどう生きるのか――若者たちが今〈大人になる〉とは』大月書店
ＳＳＰプロジェクト（二〇一六）、『二〇一五年階層と社会意識全国調査（第一回ＳＳＰ調査）報告書』、http://ssp.hus.osaka-u.ac.jp/
小熊英二（二〇一九）、『日本社会のしくみ――雇用・教育・福祉の歴史社会学』講談社
苅谷剛彦（一九九五）、『大衆教育社会のゆくえ』中央公論社
吉川　徹（二〇一八）、『日本の分断――切り離される非大卒若者たち』光文社
酒井　朗（二〇一八）、「高校中退の減少と拡大する私立通信制高校の役割に関する研究――日本における学校教育の市場化の一断面」、『上智大学教育学論集』第五二号
杉田真衣（二〇一五）、『高卒女性の12年――不安定な労働、ゆるやかなつながり』大月書店
豊泉周治（二〇一六）、「若者のコンサマトリー化と民主主義の再創造」、『唯物論研究年誌』第二一号、大月書店
日本経営者団体連盟（一九九五）、『新時代の「日本的経営」――挑戦すべき方向とその具体策』

第5章

未来への投資——Society5.0か、社会的投資福祉国家か

1 Society 5.0とはどのような未来なのか

すぐそこの未来?

「Society 5.0 の実現」が、いまや日本政府の政治目標、政策展開の最大のキーワードであり、マジックワードである。この言葉が登場したのは比較的最近のことだが、すでにそれは産官学を全体として巻き込んで、大きな影響力を及ぼしている。安倍政権の下、二〇一六年の第五期科学技術基本計画において、「『超スマート社会』の実現（Society 5.0）」が「未来社会の姿」として提唱され、「世界に先駆けて超スマート社会を実現してゆく」と宣言されたことが始まりであった。その後、「超スマート社会」ではなく、「Society 5.0」の方が前面に出る。この科学技術基本計画を受けて、同年に「成長戦略の司令塔」として新たに設置された未来投資会議は、「Society 5.0 の実現」を成長戦略の「鍵」として位置づけ、その実現のための戦略的投資を「未来への投資」とし、産官学にわたる包括的な経済社会政策に仕立てた。第五期の最終年となる二〇二〇年には、新型コロナ感染症の世界的な感染拡大によって各国とも深刻な経済的、社会的危機に投げ込まれたが、そのことが「我々の社会の在り方そのものを変えていく契機となった」として、「Society 5.0 の実現」はさらに第六期に引き継がれた。二〇二一年三月に閣議決定された第六期科学技術・イノベーション基本計画では、次のように述べられた。

「このような背景を踏まえて、我が国が目指す社会を表現すると、『直面する脅威や先の見えない不確実な状況に対し、持続可能性と強靭性を備え、国民の安全と安心を確保するとともに、一人ひとりが多様な幸せ（well-being）を実現できる社会』とまとめられ、このような未来を実現することこそが第6期基本計画を策定する目的である。」（閣議決定、二〇二一）

「一人ひとりが多様な幸せ（well-being）を実現できる社会」という目標は本書の課題とも重なるが、いったいSociety 5.0はどのようにしてそのような「未来社会」を実現するというのであろうか。「未来投資戦略　２０１７――Society 5.0の実現に向けた改革」を見ると、その冒頭部分で「基本的考え方」を次のように述べている。

「この長期停滞を打破し、中長期的成長を実現していく鍵は、近年急激に起きている第４次産業革命（ＩｏＴ、ビッグデータ、人工知能（ＡＩ）、ロボット、シェアリングエコノミー等）のイノベーションを、あらゆる産業や社会生活に取り入れることにより、様々な社会課題を解決する『Society 5.0』を実現することにある」。さらに、ドイツの「Industry 4.0」や米国の「Industrial Internet」など、主として製造業分野で構想される第４次産業革命のイノベーションとの違いに言及して、「我が国がめざす『Society 5.0』は、先端技術をあらゆる産業や社会生活に取り入れ、『必要なモノ・サービスを、必要な人に、必要な時に、必要なだけ提供する』ことにより、様々な社会問題を解決する試みである」、としている（閣議決定、二〇一七、一～三頁）。

さらに翌年の「未来投資戦略　２０１８」では、副題に「『Society 5.0』『データ駆動型社会』への変革」を掲げて、「基本的な考え方」のなかで、「第４次産業革命の社会実装」という表現を登場させている。「人口減少、少子高齢化、エネルギー・環境制約など」、日本を「課題先進国」とした上で、「データと革新的技術の活用によって課題の解決を図り、新たな価値創造をもたらす大きなチャンスを迎えている」と、「日本の立ち位置」をとらえる。そして、「第４次産業革命の社会実装によって、現場のデジタル化と生産性向上を徹底的に進め、日本の強みとリソースを最大活用して、誰もが活躍でき、人口減少、少子高齢化、エネルギー・環境制約など様々な社会課題を解決できる、日本ならではの持続可能でインクルーシブな経済社会システムである『Society 5.0』を実現するとともに、これによりＳＤＧｓ（持続可能な開発目標）の達成に寄与する」、としている（閣議決定、二〇一八、二頁）。

Society 5.0がどのような社会なのか、おおよそのイメージが浮かぶであろうか。分厚い政策文書ではなく、内閣府ホームページで「科学技術・イノベーション」政策の説明を見ると、冒頭に「Society 5.0とは、サイバー空間（仮想空間）とフィジカル空間（現実空間）を高度に融合させたシステムにより、経済発展と社会的課題の解決を両立する、人間中心の社会（Society）」とある。そして「Society 5.0で実現する社会」について、次のように述べている（https://www8.cao.go.jp/cstp/Society5_0/index.html）。

「Society 5.0で実現する社会は、IoT（Internet of Things）で全ての人とモノがつながり、様々な知識や情報が共有され、今までにない新たな価値を生み出すことで、これらの課題や困難を克服します。また、人工知能（AI）により、必要な情報が必要な時に提供されるようになり、ロボットや自動走行車などの技術で、少子高齢化、地方の過疎化、貧富の格差などの課題が克服されます。社会の変革（イノベーション）を通じて、これまでの閉塞感を打破し、希望の持てる社会、世代を超えて互いに尊重し合える社会、一人一人が快適で活躍できる社会となります。」

二〇一八年一月には、政府広報オンラインにおいてSociety 5.0のキャンペーン動画が公開され、女子高生役の上白石萌音（映画「君の名は。」の宮永三葉役）が、Society 5.0の実現した「すぐそこの未来」の便利で快適な生活ぶりを演じた。「ここはちょっと未来の日本のとある町」というナレーションで始まり、女子高生の起床から通学途上のいつもの朝の光景として、ドローン宅配、AI家電、遠隔診療、スマート農業（無人トラクター）、会計クラウド、無人走行バスのシーンが次々と映し出され、最後に「未来が楽しみでしょ？」とささやく上白石の笑顔のアップで終わる。この動画のCM編は、二〇一八年一月三日の「君の名は。」の地上波初放送の際に、実際にCMとして流され、多くの視聴者が政府広報と知らずに、このCMに見入ったはずである。サイバー空間とフィジカル空間とが高度に融合され、随所でAIが活躍する「人間中心の社会」がすぐそこにまで来ている、というわけである。（現在、政府サイトでは閉じられているが、ユーチューブで視聴可能。）

政府広報の動画を見て「未来が楽しみでしょ?」と問われれば、少なからぬ人びとが半信半疑ながらも、そんな「すぐそこの未来」を肯定的に受けとめるのではないか。少なくとも、政府がそのために巨額の広報費をつぎこんでいることは間違いない。だが、日本社会が抱えている複合的かつ深刻な問題状況を冷静に考えれば、それらの課題がテクノロジーの発展によって一律に克服されるという未来を、容易に想像することはできないであろう。少子高齢化やエネルギー・環境問題などが社会問題として列挙され、国連で採択されたSDGs(持続可能な開発目標)への貢献が謳われるものの、そもそも日本社会の足元にある格差や貧困の問題については言及さえもない。そんな不可解な気分に立ち止まって、もう一度、前節で引用した「基本的な考え方」を読み返してみれば、Society 5.0の実現に向けて驚くべき「一次元的な社会」が構想されており、「一次元的な思考」が未来の構想を覆っていることに気づくであろう。

「第4次産業革命のイノベーションを、あらゆる産業と社会生活に取り入れることにより、様々な社会課題を解決する」とは、いったいどのようなことなのだろうか。内閣府ホームページでは、「サイバー空間(仮想空間)とフィジカル空間(現実空間)を高度に融合させたシステム」により、「全ての人とモノがつながり、……新たな価値を生み出す」として、Society 5.0の実現に向けた重点分野について、いくつもの事例をイラスト入りで紹介している。各分野の「新たな価値」についての基本的な考え方は一つである。簡潔にいえば、Society 5.0では、あらゆる産業と社会生活の場面からデータを集積し、いわゆるビッグデータを人工知能(AI)に解析させることによって、あらゆる場面で最適なアウトプットを実現できるというのである。そのことによって、「必要なモノ・

サービスを、必要な人に、必要な時に、必要なだけ提供」し、さまざまな社会課題を解決し、「経済発展と社会的課題の解決を両立する、人間中心の社会」を実現するのだという。上記のキャンペーン動画は、その供給場面のイメージを広報するものだったのである。

一次元的な社会？

このように提示された「すぐそこの未来」の構想に対して、本書の視点から率直に述べれば、とても「人間中心」とは思えないその社会像に、強い違和感を感じないわけにはゆかない。そこで「新たな価値」として示されているのは、あたかも魔法のように、第4次産業革命の科学技術・イノベーションの万能性を説く思考の一次元性であり、データ解析に基づく人間と社会の一次元的な操作可能性への信奉だからである。ここで「一次元的」という言葉をもちいたのは、Society 5.0が、かつてヘルベルト・マルクーゼが『一次元的人間』において「先進産業社会のイデオロギー」として批判した、「一次元的な社会」あるいは「一次元的な思考」の最新版のように思われるからである。そこでの未来社会のイメージは、かつてマルクーゼが述べた「合理的に全体主義的である社会」を思い起こさせる。『一次元的人間』から引用しよう。

「近代科学の諸原理は、自己推進的な生産的制御の宇宙のための概念的道具として役立つように、アプリオリに構成されていた。理論的操作主義は、実践的操作主義と一致するようになった。たえずより効果的な自然支配をもたらした科学的方法は、かくして自然支配を通じて、人間による人間のたえずより効果的な支配のための純粋な概念と諸手段を提供するようになったのである。……今日、支配はテクノロジーを通してだけでなく、テクノロジーとしても自己を永続化し、拡張している。そしてテクノロジーは、あらゆる文化領域をも飲み込んで拡張する政治的権力に、絶大な正統性を付与しているのである。……こうしてテクノロジーの合理性は、支配の正統性を無効にするよりも、むしろこれを保護する。そして理性の道具主義的地平は、合理的に全体主義的である社会へと開かれているのである。」（Marcuse, 1964, p.162, 邦訳一七八～一七九頁。なお、訳文は豊泉が適宜改めた。以下も同様）

表現が哲学的で難解だが、要するにマルクーゼは、テクノロジー（科学技術の論理と実用化）の発展によって、文化的にも政治的にも、人間と社会が一元的に支配される未来が迫っているとして、強い危機感を表明したのである。マルクーゼの議論は一九六四年のものだが、半世紀を経て今日、もしマルクーゼが存命ならば、当時の予想をはるかに超えた水準で二一世紀の先進産業社会は「一次元的な社会」に近づいている、あるいは到達していると見るのではないか。そのトップランナーを、日本のSociety 5.0は目指しているというわけである。とはいえ、マルクーゼの議論になぞらえてSociety 5.0の構想を「合理的に全体主義的である社会」と見るのは、いささか極論にすぎるとの批判もあろう。それに対して、さらにマルクーゼから引用すれば、そこで問われているのは、「私たちの社会は、テロルではなくテクノロジーによって、圧倒的な効率と生活水準の向上という二重の基盤において、社会の遠心的な諸力を征服することを特徴としている」（ibid., p.40, 邦訳八頁）、という点なのである。マルクーゼにとって先進産業社会は、その二重の基盤において「批判の麻痺」をもたらす「反対なき社会」であった。Society 5.0における「必要なモノ・サービスを、必要な人に、必要な時に、必要なだけ提供する」という課題解決も、このような道具主義的な合理性の延長線上にあることは間違いないであろう。そして二一世紀の先進産業社会の課題解決のためにと、さらにいっそうの効率化と科学技術・イノベーションが、批判の余地もなく追求されるのである。

それでも「全体主義的」という言葉には抵抗感があるかもしれない。マルクーゼの議論では、その言葉は、こうしたテクノロジーの合理性が「文化全体を包囲し、一つの歴史的全体性——「世界」——を投企（プロジェクト）する」ことを指す（ibid., p.158. 邦訳一七四頁）。ところでSociety 5.0によって政府が目指すのも、第六期基本計画の前のめりな表現によれば、まさにそうしたプロジェクトなのである。「GDP世界第3位の経済規模を持った我が国が、パラダイムシフトともいえる転換期に、世界に先駆けて新たな未来社会を実現することで、世界の注目を喚起し、世界の優秀な人材と未来への投資の関心を呼び起こし、世界の『共創の場』としての立ち位置を確立していくことを目指す」（閣議決定、二〇一七、一五頁）。同基本計画の「基本的な考え方」の末尾では、このように述べられた。そのためには「自然科学のみならず人文・社会科学も含めた多様な『知』の創造と、『総合知』による現存社会全体の再設計、さらにはこれらを担う人材育成が避けて通れない」という（同、四頁）。そして、そのような未来を実現する科学技術・イノベーションの基盤となるのが、「イノベーション・エコシステム」だというのである。

「イノベーション・エコシステム」とは奇妙な言葉だが、管見の限りでは、この言葉が最初に登場したのは、二〇一八年六月に閣議決定された「未来投資戦略　２０１８」である。焦点は大学である。「Society 5.0 の実現」に向けて成長戦略の再構築を図った同戦略において、大学はそのための「共通インフラ」として明確に位置づけられた。「これまでの改革により、大学等のガバナンスとイノベーション創出力の強化を図ってきたところであるが、今後、世界と伍して競争を行うためには、イノベーションの果実が次の研究開発に投資されるイノベーション・エコシステムを産学官が協力して構築することが必要である」と、政策課題が示された（閣議決定、二〇一八、一一八頁）。たえざるイノベーションによって実現されるという Society 5.0 のいわば生態系がイノベーション・エコシステムであり、大学がその中核になるというのである。同じく閣議決定された「統合イノベーション戦略」は「未来投資戦略」の各論にあたるが、二〇一九年版では、「知の創造」として「大学改革等によるイノベーション・エコシステムの創出」について述べられている。「目指すべき将来像」は、「大学・国研が、自らの努力によって、組織や経営の改善・強化を行い、知識集約型産業を生み出すイノベーション・エコシステムの中核になる」ことだというのである（閣議決定、二〇一九、三六頁）。

大学の教育・研究に携わる立場からすれば、あらためて強い違和感を表明しないわけにはいかない。マルクーゼのいう「合理的に全体主義的な社会」「歴史的全体性のプロジェクト」という表現も、ここで「目指すべき将来像」とされる「未来」を形容するには不十分ではないかとさえ思えるほどである。マルクーゼにとって「人間による人間の支配」は依然としてテクノロジーの合理性の支配であり、「機械」の論理に従うものだが、ここではそれが未来社会の「生態系」の論理とされるからである。Society 5.0において、価値を創出する人間は、さしあたりまず大学・大学人は、たえざるイノベーションの生態系を生きるものとされる。そして、そのための環境づくりがすでにもう着々と進んでいるのである。いまや政府は、そうした生態系の整備に向けて、大学を「産官学のセクター間の知の循環の中核連携拠点」とすべく、大学の経営・管理に関わる基本原則（「国立大学法人ガバナンス・コード」）を策定し（二〇二〇年三月）、各大学にSociety 5.0を目指す「強靱なガバナンス体制」の構築を求めている。

二〇二〇年六月の科学技術基本法の改正は、これら一連の政策を、五年ごとに作成される基本計画の基礎となる基本法のレベルから裏づけたものであることがわかる。この改正によって、それまで自然科学を中心に「科学技術の振興」を目的としてきた科学技術基本法が二五年ぶりに改正されて、人文社会科学も全体として対象に含め、「科学技術・イノベーション創出の振興」を目的とする科学技術・イノベーション基本法へと衣替えされたのである。「イノベーション創出」とは「科学的な発見又は発明、新商品又は新役務の開発その他の創造的活動を通じて新たな価値を生み出し、これを普及することにより、経済社会の大きな変化を創出すること」だとされる。そして「大学等は、その活動が科学技術の水準の向上及びイノベーションの創出の促進に資するものであることに鑑み、振興方針にのっとり……人材の育成並びに研究開発及びその成果の普及に自主的かつ計画的に努めるものとする」と、「大学等の責務」が新たに規定されたのである（同基本法、第六条）。法律の文言は漠然としているが、この法改正が「Society 5.0の実現」のために、人文社会科学の分野も含めて大学等を総動員しようとする意図に貫かれていることは明瞭であろう。

この法改正に対して、人文社会科学の「振興」が法的に位置づけられたとして期待を寄せる意見もあるが、注意しなければならないのは、「現在の人間と社会のあり方を相対化し批判的に省察する人文・社会科学の独自の役割」（日本学術会議、二〇一五）が、そこに位置づけられているようにはとうてい思えないことである。「イノベーションの創出」を「責務」とする大学とイノベーション・エコシステムにおいて、この方向性を批判的に省察する教育研究はまったく排除されるか、あるいはよくても異端的存在として周辺化されるだけであろう。二〇二〇年一〇月の日本学術会議の新会員任命にあたって、政権に批判的であったとされる六人の人文・社会科学系の候補者が任命を拒否された事件は、安倍政権および菅政権の権力性や学問の自由の侵害という問題であるだけでなく、Society 5.0という未来構想の一面を垣間見させる問題でもあったと思われる。Society 5.0という未来は、ここまで述べてきたように、マルクーゼのいう「文化全体を包囲し、一つの歴史的全体性を投企」し、批判を麻痺させる「反対なき社会」のプロジェクトと無縁ではないからである。

2　生活世界の再生産危機

ハーバーマスのマルクーゼ批判

第1節では、政府が提唱するSociety 5.0とはどのような未来なのかについて検討し、かつてのマルクーゼの議論に依拠して、その未来構想にくっきりと浮かび上がる「一次元的な社会」「合理的に全体主義的である社会」の様相について指摘した。さらに、この政策の中核に位置づけられた大学・大学人にとって、科学技術・イノベーションにもっぱら依存する未来に向けて「改革」がすでに始動しており、法的な整備も含めて、相当なスピードで「体制の構築」が進行していることも述べた。もとより、項目の見出しに「?」を付したように、いずれSociety 5.0が現実のものとなり、「一次元的な社会」の未来がこの日本に到来すると主張したいわけではない。また、科学技術の発展やイノベーションの推進をそれ自体として否定しているわけでも、否定したいわけでもない。「一人ひとりが多様な幸せ(well-being)を実現できる社会」は本書が目指すところでもあり、そのために科学技術やイノベーションが不可欠の契機となることも否定するわけではない。問題は、人びとの「幸福」のためにそれらがどのように生かされるかであり、一次元的な支配の危険を内包する構想に対して、「合理的に全体主義的である社会」という未来を回避するために、どのようにしてこれを批判しうるか、そしてどのようにしてオルタナティブな構想を提示しうるか、である。

ここまでSociety 5.0の未来像を検討するためにマルクーゼの議論を参照してきたが、先進産業社会においてテクノロジーの合理性が支配の合理性となり、抵抗を無力化するという『一次元的人間』の結論は、もとよりこの課題に応えるものではない。「技術的進歩のたえまないダイナミズムには政治的内容が浸透し、技術のロゴスは持続的な隷属のロゴスとなってしまった。テクノロジーの解放の力――事物の道具化――は、解放の足かせとなり、人間の道具化となる」(Marcuse, 1964, p.163, 邦訳一七九頁)。マルクーゼはこのように述べて、あたかも人間を道具化する「一次元的な社会」が不可避に到来するかのように結論づけていたからである。もとよりマルクーゼ自身を含めて、誰もそのような未来を望むわけではないだろう。すでに本書の第2章で参照したように、デューイはコミュニケーションの概念に依拠して、「人間の経験」がそのような道具的経験に帰着するものではないことを、およそ一世紀前の「機械時代」の到来のなかで論じていた。ただし、それは社会理論というよりも、デューイの「人間性の可能性への信頼」に基づく議論であった。それに対して、ホルクハイマーらのフランクフルト学派第一世代を継承して、批判理論の現代的展開を図ったハーバーマスは、一九六八年の『イデオロギーとしての技術と科学』において、マルクーゼのこの主張と対峙して、批判理論の刷新(「コミュニケーション論的転回」)に踏み出したのである。

おそらく『イデオロギーとしての技術と科学』という書名からは誤解されやすいが、この本の意図は、「技術と科学」をたんに「支配のイデオロギー」として批判することではなかった。ハーバーマスは、もっぱらそうした姿勢にとどまるマルクーゼを批判して、もはや階級支配を隠蔽する

「イデオロギーという古い形態」をとらない、「技術と科学」のもつ「新たなイデオロギー」としての役割を追究し、これに対抗する社会の潜在力を手繰りだす理論の再構築を図ったのである。つまり『イデオロギーとしての技術と科学』は、科学技術が新たなイデオロギーの役割を果たすようになったこの時代において、マルクスに由来する旧来のイデオロギー批判の不可能性を前にして、フランクフルト学派の批判理論の刷新のために書かれたのである。その理論的な到達点が一九八一年の『コミュニケーション的行為の理論』であり、以後、この刷新が「批判理論のコミュニケーション論的転回」（以下、必要に応じて「転回」と略記する）と呼ばれることになった。

ここでも、再び半世紀も前の議論を参照することになるが、逆にいえば、「技術と科学」の発展のなかで人間を道具化する社会の問題が、少なくとも日本では、この半世紀の間まっとうに問われてこなかったことを、それは意味するであろう。Society 5.0 の未来は、半世紀前の議論と同じ論調で、「科学技術・イノベーション」の新たな展開によって「経済発展と社会的課題の解決を両立する、人間中心の社会」を開くという。それに対して、マルクーゼのように「一次元的な社会」の到来をただ糾弾するのではなく、どのようにして人間の道具化に帰着しない、オルタナティブな未来の構想を提示できるのか。ここでは、ハーバーマスのマルクーゼ批判を検討することによって、そのような社会理論の視点を明らかにしたいと思う。

ハーバーマスは、「一次元的な社会」からの解放の困難さを指摘して、次のように述べた。マルクーゼのいう「技術と支配との融合、合理性と抑圧との融合」が、「科学と技術には、実質的にアプリオリに、階級利害と歴史的状況に規定された世界投企が内在していると解釈されるとすれば、そのとき、科学と技術そのものが革命的にならないかぎり、解放は考えられないことになろう」(Habermas, 1968, p.54, 邦訳五一頁。なお、訳文は豊泉が適宜改めた。以下も同様)。難しい文章だが、要するにマルクーゼが先進産業社会における科学と技術をアプリオリに階級支配を内包した歴史的発展だとするなら、解放のための異なる科学と技術があるのか、というわけである。だが、人類がこれまで積み上げてきた科学と技術とは異なる、「革命的な」科学や技術なるものがあるとは考えられないと、ハーバーマスは疑問を投げかける。マルクーゼ自身も、テクノロジーを人類の「投企」と見なすかぎりで別の投企の可能性に期待を残すのだが、先進産業社会では、その可能性がテクノロジカルなアプリオリとして「一次元的」に統制されていることを、くり返し主張するばかりであった。マルクーゼによれば、批判理論は「既成の社会の内部に解放への傾向を示すことはできない」、「内在する可能性の解放」はもはや歴史的選択肢ではない、というのが結論なのである。「社会の批判理論は、現在と未来とのギャップに橋を架けるような概念を持っていない。……ただ否定的であるにとどまる」(Marcuse, 1964, p.261, 邦訳二八一頁)。ところが、他方でマルクーゼは、「テクノロジカルな現実の完成は、その超越のための必要条件であり、その根本的理由でもある」として、「否定」のかなたに現れる「歴史の弁証法」に希望を託してもいる(ibid., p.235, 邦訳二五五頁)。

ハーバーマスは、こうしたマルクーゼの議論に対して、「科学と技術の合理的形式が……生活形式へ、〈生活世界の歴史的全体性〉へと拡大していくということが何を意味するのか」という困難な問題に、マルクーゼはまともに答えていないと批判したのである(Habermas, 1968, p.59f., 邦訳五七頁)。ここでのハーバーマスの批判は控え目だが、基本的にそれは、マルクーゼの議論が解放の黙示録とはなりえても、解放のための批判理論としては成り立たないことを批判するものである。後にハーバーマスは、ホルクハイマーとアドルノの『啓蒙の弁証法』を批判して、「理性は道具的理性として権力に同化してしまい、それによって自身の批判的能力を喪失してしまった」(Habermas, 1985, p.144, 邦訳二〇八頁)と述べたが、すでにここでのマルクーゼ批判には、そうした旧来の批判理論のアポリアを衝くハーバーマスの姿勢を確認することができる。

では、みずからの問題提起に対して、ハーバーマス自身はどのように答えたのか。ここでは「テクノクラシーの意識」のイデオロギー性を追究する議論に注目して、批判理論の新たな可能性を開こうとするハーバーマスの視点を確認しておきたいと思う。それは、科学技術・イノベーションによって人びとの幸福を実現するというSociety 5.0が唱えられる現代日本において、オルタナティブな構想を追究する上で、かつてのハーバーマスの時代以上に重要な視点になると考えられるからだ。

テクノクラシー(技術至上主義)とは、先進資本主義国において、体制の安定化のために国家介入(ケインズ政策や福祉国家政策)が進み、経済成長も国家的に推進される科学技術の発展に依存するようになり、政治が住民の意思から離反し、テクノクラート(技術官僚)による技術的な課題解決の様相を呈することである。ここでハーバーマスが重視するのは、テクノクラートの支配そのものよりも、「テクノクラシーのテーゼが背景イデオロギーとして住民大衆の脱政治化された意識に入りこみ、正統化の力をふるうことができる」(Habermas, 1968, p.81, 邦訳七八頁)、という点である。要するに「テクノクラシーの意識」とは、政治のことは官僚に任せておけばよい、という住民の脱政治化された意識のことである。「テクノクラシーの意識によって正統化される住民大衆の脱政治化は、同時に、目的合理的行為と適応的行動のカテゴリーのなかで人間が自己客体化されることである。科学の物化されたモデルが社会文化的生活世界に入りこみ、自己了解に対して客観的な力を獲得するのである。この意識のイデオロギー的核心は、実践と技術との区別の消去である」(ibid., 1968, p.91, 邦訳八八頁)。

ハーバーマスはこのように述べて、階級支配を自由競争と市場原理によって隠蔽する資本主義の「古いイデオロギー」に対して、ここでは「実践と技術の区別の消去」が「新しいイデオロギー」の「核心」だとされる。それはいったい何を意味するのであろうか。この時期のハーバーマスの議論には、コミュニケーション論的転回の前後の概念枠組みがしばしば錯綜して登場するのだが、ここでの「実践と技術」という対概念には、「相互行為」(コミュニケーションの行為)と「労働」(目的合理的行為)という行為類型の対概念が対応している。後の概念に対応させれば、ここでの「実践と技術」の区別は、「生活世界とシステム」の区別にあたり、「科学の物化されたモデルが社会文化的生活世界に入りこみ」とあるように、「区別の消去」は、システムによる「生活世界の植民地化」に対応すると考えられる。技術的理性の「一次元的な」支配を唱えたマルクーゼに対して、ハーバーマスは、実践（生活世界）と技術（システム）という二元的な概念に依拠して、マルクーゼの提起した問題を、技術的理性が「テクノクラシーの意識」として生活世界に侵入する「植民地化」の問題として、とらえ直したのである。

ただし「転回」前のこの時点で、「新しいイデオロギーに挑戦する反省」としてハーバーマスが提起できたのは、「歴史的に規定された階級利害の背後にさかのぼり、自己構成する人類そのものの利害連関を発掘しなければならない」(ibid., p.91, 邦訳八八頁)という、いかにも哲学的なイデオロギー批判の課題設定であった。それは、ハーバーマスが継承したフランクフルト学派の批判理論、なかでも実証主義批判の課題を引き継ぐものでもあった。ところが、同時にハーバーマスがそこでただちに付言したのは、階級対立を潜在化させた「テクノクラシーの意識」はそのような反省には抵抗するということ、そして「新たな対立地帯に向かう唯一の抵抗の潜在力は、まずは学生や生徒の特定の集団に発生している」ということであった(ibid., p.100, 邦訳九八頁)。その後のハーバーマスにとって、この「抵抗の潜在力」を批判理論の規範的基礎として究明することが、批判理論のコミュニケーション論的転回における主題となったのである。

Society 5.0 vs. 生活世界

「テクノクラシーの意識」に関する以上のハーバーマスの議論を踏まえて、Society 5.0の未来構想について、あらためてふり返ってみよう。本章の第1節では、Society 5.0の概容が、あたかもマルクーゼのいう「一次元的な社会」の様相を呈していることを述べた。その構想は、科学技術・イノベーションによる経済成長と社会問題の解決を通して、政治の正統性を獲得しようとするテクノクラシーに基づいていること、さらに政府広報等を通じて、イデオロギー的基盤となる「テクノクラシーの意識」の醸成に努めていたことが理解できたと思う。その点で、Society 5.0の科学技術政策と未来構想は、マルクーゼが危惧した「一次元的な社会」のイデオロギー性、ハーバーマスが『イデオロギーとしての技術と科学』において述べた「新しいイデオロギー」の性格を、いかにも古典的な様式で表明していることがわかる。

ハーバーマスは、このイデオロギーの浸透につれて、「社会的生活世界の文化的に規定された自己了解に代わって、目的合理的行為と適応的行動というカテゴリーの下で、人間の自己物化が進む」と述べた。さらに、「目的合理的行為の構造を社会システムの水準に写し取ることができるとき、人間は、〈工作される人〉として、自身の技術的装置にみずから統合されかねない」と、この発展の「最終段階」の危険性に言及していた（ibid., p.81f., 邦訳七八頁以下）。さしあたりハーバーマスは、「こうしたテクノクラシーの意図は、萌芽としてさえどこにも実現してはいない」として、将来の可能性として言及しただけだが、その後の半世紀を経て、いまやその可能性ははるかに現実的なものとなったというべきであろう。実際に、Society 5.0を「イノベーション・エコシステム」という生態系になぞらえる目下の政策的議論は、人間が「機械の水準」に統合されるというこの「最終段階」を超えて、「生態系の水準」にまで科学技術・イノベーションのシステムを推し進めようという、先鋭な議論となっていた。すでに「科学技術・イノベーション基本法」の下、産官学が一体となってイノベーション・エコシステムの構築に向かって一斉に走り出し、あたかも「合理的に全体主義的な社会」の様相を呈していることについて、さらにこのシステムの創出にまっ先に動員された大学・大学人の窮状についても述べた。では、この科学技術・イノベーションが現代版の「新しいイデオロギー」であるとすれば、その批判はどのようにして可能なのであろうか。「転回」後のハーバーマスの理論も参照して、生活世界の概念に依拠して考えたい。

ハーバーマスのマルクーゼ批判の眼目は、テクノロジーの全体主義的支配を批判した「一次元的な社会」の議論の一次元性であり、そのために露呈する批判の理論と解放の理論との自家撞着であった。マルクーゼが背景とするのは、マルクス主義における労働ないし生産力の一元的な理論、そして西欧マルクス主義における歴史的全体性（歴史の弁証法）の一元的な理論であるが、いずれも国家介入と科学技術の発展に依存する後期資本主義においては、もはや批判として有効に機能しない、というのがハーバーマスの基本認識であった。それに対してハーバーマスは、労働（目的合理的行為）と相互行為（コミュニケーションの行為）という人間の行為の二元性に注目して、批判理論の転回の緒に就いたのである。「労働と相互行為」という一九六七年の論文では、二つの概念を区別する根拠を次のように述べている。

「いつも自然発生的に固まってゆく相互行為のコミュニケーション的関係を、技術的に進歩してゆく目的合理的行為のシステムをモデルとして再組織化しようとする企てがおこなわれているのだから、まさに今日、二つの契機をいっそう厳密に区別する理由がある。……人間の営みに代替するような、学習して操舵する機械の制作も含めて、技術的な生産力の解放は、支配から自由な、強制のない相互性に基づく相互行為の中で、人倫的関係の弁証法を完成しうるような規範を創出することと同じではない。飢餓と労苦からの解放は、隷属と屈従からの解放とはかならずしも一致するわけではない。」（ibid., p.46, 邦訳四一頁）

ハーバーマスのこの主張は、無人走行のバスやトラクターによって、あるいはビッグデータの解析によって、「すぐそこの未来」を描き出そうとするSociety 5.0の構想に対する批判としても、そのまま当てはまりそうな一文である。仮にSociety 5.0の実現が「飢餓と労苦からの解放」であるとしても、必ずしもそれは「隷属と屈従からの解放」を意味するわけではないからである。一方、この論文におけるハーバーマスの解放の議論は、まだ「人倫的関係の弁証法」というヘーゲル哲学の枠内にあるが、自由な相互行為（コミュニケーションの行為）を解放の資源とする点で、「転回」後の議論に向かっていることも確かである。ハーバーマスは、この二つの概念の区別を起点として、その後の「転回」を経て「システムと生活世界」という二元的な社会概念に到達した。そして、システムによる「生活世界の植民地化」に対して、「抵抗の潜在力」を生活世界の内部に発掘する批判理論の再構築へと進んだのである。

では、生活世界とは何か。ハーバーマスによれば、人びとは私生活の領域を「核」とする生活世界において、日常的なコミュニケーションの行為によって、文化を継承し（文化的再生産）、他者との連帯と秩序を創出し（社会的統合）、自己のアイデンティティを獲得する（社会化）。ハーバーマスはこれを「生活世界の対話的（記号的 symbolisch）再生産」と呼び、そうした日常実践が、生活世界を植民地化しようとするシステム（経済や政治）の力学に対する「抵抗の内的論理」を与える、というのである。

ドイツ哲学の伝統を背景とするハーバーマスの議論はいかにも抽象的で難解だが、その意味するところは、ハーバーマス自身もしばしばデューイやミードらのアメリカのプラグマティズムを援用するように、本書第2章で参照したデューイの議論と重なる部分が大きい。すでにそこでは、本章の議論を先取りして「幸福の環としての生活世界」という表現をもちいた。第2章をふり返っていえば、ハーバーマスのいう生活世界とは、他者とのコミュニケーションの積み重ねによって成り立っている、デューイのいう人間の「日常の経験」の世界に相当する。そしてミードが追究したように、子どもは家族関係のなかで社会化されて自我を獲得し、社会的相互行為とコミュニケーションによって織りなされる生活世界のなかで、人びとの精神や人格も形成されるのである。その上でデューイは、道具的でも、コンサマトリーでもある人間のコミュニケーションの経験を分裂させ、道具的経験が支配的になる「機械時代」に際して、「人間経験の潜在可能性」の尊厳を回復する必要性を唱え、「生き方としての民主主義」を唱えたのである。

デューイの議論は、テクノクラシーの時代における技術と科学の支配に対して、生活世界に「抵抗の潜在力」を見いだそうとするハーバーマスと軌を一にするであろう。ハーバーマス自身も、当初から「テクノクラシーの意識」に抵抗する意識の課題を、「〈よき生活〉の意図」や「どのように生きたいのか」という問題としてとらえていた。後に「転回」の経緯にふれて、「理論の象牙の塔から出て、いわば日常政治の闘争に陣地を移すことになった」(Habermas, 1985, p.181, 邦訳二四五頁)と述懐しているが、この日常政治の闘争として、ハーバーマスがいち早く注目したのが、業績主義のイデオロギーに抵抗する「学生・生徒の抗議」だったのである。「テクノロジーの高度な発展にもかかわらず、……なぜ制度化された生存競争、疎外された労働の訓練、感性や美的満足の否定が続いているのか」(Habermas, 1968, p.103, 邦訳一〇〇頁)。それが当時の学生たちの問いかけであった。

一方、本書第2章では、「生きづらさ」のなかでも「日常」を大切に生きようとする、最近の日本の若者たちの「民主主義の再創造」を求める運動についてふれた。

さて、このような生活世界の概念に照らしてSociety 5.0について検討すると、「データ駆動型社会」と呼ばれるその未来社会には、人びとの「相互行為」に基づく日常実践や社会関係が見事に欠落していることがわかる。前節で「強い違和感」と形容したのは、AIにコントロールされた便利なサービスを享受するばかりで、相互行為を通して人びとが文化や社会に関わり、社会的連帯と自己形成に努める姿が、その未来にはまるで不在のように思われたからである。Society 5.0について の内閣府ホームページの説明の末尾には、「Society 5.0では、ビッグデータを踏まえたAIやロボットが今まで人間が行っていた作業や調整を代行・支援するため、日々の煩雑で不得手な作業などから解放され、誰もが快適で活力に満ちた質の高い生活を送ることができるようになります」、とある。「快適で活力に満ちた質の高い生活」を送るには、人間の相互行為はノイズであり、AIやロボットに代替する必要があると述べているようにも受け取れる。一人ひとりの「多様な幸せ」がそこから生まれるというのであろうか。ハーバーマスがかつて批判した、あたかも「相互行為のコミュニケーション的関係を、技術的に進歩してゆく目的合理的行為のシステムをモデルとして再組織化しようとする企て」が、新たな「科学技術・イノベーション基本法」の下、実現すべき日本の「未来社会像」として、強力に推し進められているのである。

生活世界の再生産危機と反作用

ここまでの議論に対して、Society 5.0はあくまで安倍政権の掲げた成長戦略であり、一つの未来構想にすぎないとの意見もあると思うが、マルクーゼの議論から始めたように、その政策的動向が「歴史的全体性」のプロジェクトとなる可能性を軽視すべきではないだろう。すでに述べたように、大学を中心とした教育・研究の現場では、すでに「イノベーション・エコシステム」が稼働しているかのように、Society 5.0を標語とする諸改革が加速しており、そのシステムは、さらに「人づくり革命」と「生産性革命」を両輪として、いまや人びとの生活世界の全体を射程に収めているからである。

たとえば、幼児教育や高等教育の「無償化」や「働き方改革」、「全世代型の社会保障」といった政策のスローガンは、以前であれば生活世界を基盤とした市民運動や社会運動によって提起されたことだが、巧みに換骨奪胎されて、いまや目指すべきシステムの要件に組み入れられている。加えて、人びとの日常生活にはパソコンやスマートフォンが広く普及し、随所に監視カメラが設置され、一人ひとりの生活の営みそのものが遍在するネットワークの端末と化し、データと化している状況がある。その点で、「データ駆動型社会」の基盤的条件はすでに着々と整備されつつある。ハーバーマスがシステムと生活世界との区別を強調した時代と比べて、いまや比較にならないほどの水準でシステムが生活世界に広く深く侵入し、両者が混淆した生活がむしろ普通の日常生活になっているのである。ハーバーマスは「新たな抗争はシステムと生活世界との接点のところで発生している」と述べて、生活世界の「抵抗の潜在力」を当時の学生や生徒の抵抗運動などの「新しい社会運動」に見いだしたが、今ではその「抗争ライン」も生活世界の内部に奥深く溶け込んで、ほとんど不可視になっているというべきであろう。

ハーバーマスの批判理論が依拠した「生活世界の潜在力」はもはや枯渇した、といいたいわけではない。第4次産業革命を社会実装するというイノベーションの「一次元的な」システムが目論まれるなかで、システムと生活世界との区別は依然として不可欠であり、ますます重要であるというのが、ここでの前提である。日本のこの間の「好景気」の持続にもかかわらず、多様な局面で噴出する社会問題や病理現象は、その多くがシステムに侵食された生活世界に遍在する病理として把握されるべき問題であり、それぞれの局面において抵抗や批判の運動も見られないわけではない。しかし、平和や環境保護、女性や少数者の権利を掲げたかつての「新しい社会運動」の場合のように、「成長批判」という生活世界に由来する「抵抗ライン」が、そこにはっきりと見渡せるわけではない。全体として見れば、生活世界に遍在する病理の多くは「自己責任」にすり替えられ、あたかも自己免疫疾患のように自傷的な病理となり、システムに対する抵抗や批判は著しく微弱になっている。このような状況を踏まえて、「生活世界の潜在力」をその根元にまでたどって、あらためて問い直すことが必要なのである。

ハーバーマスは、一九九一年のあるインタビューにおいて、コミュニケーションの行為に基づく解放の構想について問われて、次のように答えたことがある。

「親が子どもを教育しようとするなら（社会化）、生きている世代が過去の世代から伝えられた知識を身につけたいと思うなら（文化的再生産）、そして個人と集団とが共同して、つまりコストのかかる暴力を相互に使用しないでやってゆきたいと思うのなら（社会的統合）、人はコミュニケーション的に行為しなければならない。コミュニケーションの行為によってのみ達成されうる、根元的な社会的諸機能があるのである。」（Habermas, 1991, p.146. 邦訳一四一頁）

ここにおいて生活世界とは、人びとの連帯や共同性、あるいは信頼や公共性のための根元的な資源なのである。ハーバーマスの理論を学んできた者にとって、この一文は今も深い共感を呼び起こすが、現代の日本で暮らす多くの人びとにとって、それは日々の生活とかけ離れた理想論のように感じられるかもしれない。日々の報道で人びとの耳目を集めるのは、家族や文化・社会のいずれの領域であれ、虐待やいじめ、ハラスメントなど、コミュニケーション不全の病理であり、それにともなう暴力の病理だからである。ハーバーマスに即していえば、それは現代日本において、「私生活という生活世界の核をなす領域」において、生活世界の再生産危機が常態化していることを意味する。引用文の括弧内は筆者の補足であるが、それら三つの「根元的な社会的諸機能」は、日常的なコミュニケーションの行為によってのみ達成可能であり、そのことによって生活世界が再生産され維持される（「生活世界の対話的再生産」）というのが、ハーバーマスの確信であった。ところが今日、多くの人びとがそのように確信できないのは、それだけ深く生活世界（私生活の領域）にシステムの機制が侵入し、根元的な社会的諸機能が脅かされているからなのである。逆にいえば、

「新しい社会運動」を時代的背景として生活世界の「根元的な」機能に注目したハーバーマスは、その当時、まだ生活世界の再生産危機の常態化について、深刻に主題化を迫られることはなかったのである。

ハーバーマスは、生活世界の再生産について、経済的基盤に基づく物質的再生産と、コミュニケーションの行為に基づく対話的再生産とを区別した。「生活世界の物質的再生産」というのは、日常的なコミュニケーションが繰り広げられる、まっとうな暮らしが経済的に維持されることを意味する。ハーバーマスは、生活世界の物質的再生産ついては、戦後西ドイツの福祉国家政策によって経済システムとの調整が図られ、もはや「窮乏化」（マルクス）の危機は去ったと考えていた。一方、福祉国家政策の進展とともに、生活世界の核となる対話的再生産の領域にまでテクノクラシーが侵入し（「生活世界の植民地化」）、そこに病理現象が生まれ、抵抗もまたそこから生じていると考えていたのである（Habermas, 1981, p.575f. 邦訳四一一頁以下）。

これに対して、現代日本で人びとが実感しているのは、この間の新自由主義政策に基づく経済・政治システムの「構造改革」によって、生活世界の核となる私生活領域の物質的再生産までもがシステム（市場）の機制（競争原理と「自己責任」）の脅威にさらされ、格差や貧困の拡大とともに深刻な病理現象を生んでいることである。近年の日本における格差や貧困の研究が明らかにしてきたのは、家族関係をめぐる問題にせよ、学校や教育をめぐる問題にせよ、若者のアイデンティティ形成をめぐる問題にせよ、困窮する生活世界のただなかで、しばしば自他への暴力となってさまざまな病理現象が現出していることである。コミュニケーションの行為によってのみ達成されるはずの「根元的な社会的諸機能」が、困窮を深めた生活世界の随所で破綻の危機にさらされているのである。そこにあるのは、生活世界の物質的再生産の危機の深刻化であり、それを背景とする生活世界の対話的再生産の危機の常態化であり、生活世界の全般に及ぶ病理現象の噴出である。

ここで病理現象と述べているのは、家庭内の暴力（ＤＶ）、学校でのいじめや不登校、あるいは少年非行や犯罪など、一般に社会学において社会病理と呼ばれてきた諸問題だが、重要なことは、それらはマルクーゼのいう「一次元的」な支配から直接に生じた問題ではないということである。たとえば、アレルギー疾患が身体への異物の侵入に対して作られる抗体の作用によって引き起こされるように、生活世界の病理現象も、システムの機制の侵入に対する生活世界の反作用から生まれる、自傷行為のような諸現象なのである。かつてハーバーマスが述べたような「抗争ライン」を生活世界に見通すことはいまや困難だと述べたが、抗体反応のように随所に現れる反作用（病理現象）は、生活世界とシステムとの区別が依然として解消しえないものであることを示してもいる。

本書の第２章で述べた問題提起をふり返っていえば、この「暗い時代」にあっても「幸福」や「満足」を引き寄せて生きようとする若者たちの価値転換（コンサマトリー化）も、あるいは「地元つながりの文化」も、この反作用のもう一つの形態だと見ることができるであろう。そうした若者たちの価値転換は、デューイの言葉でいえば、〈道具的／コンサマトリーな経験〉の可能性がシステムの機制によって道具的経験に切り詰められ、困窮化されるなかで、生活世界のコンサマトリーな経験を賦活させて「幸福」を引き寄せ、「なんとかやってゆく」営みだったのである。

3　もう一つの未来投資――生活世界からのイノベーション

「社会的投資」か、「人づくり」か

Society 5.0を掲げる今日の科学技術・イノベーション政策のイデオロギー性を批判する上で、ハーバーマスの生活世界の概念が重要であること、しかし日本では新自由主義システムの下で、「抵抗の潜在力」となる生活世界の再生産危機が常態化していることを述べた。そして、あらためて注意しなければならないのは、Society 5.0の実現を目指す政策も、それなりの仕方でこの危機を射程に収めており、その諸課題の解決に向けて提唱された未来構想だということである。

この点について、さらに補足しておこう。Society 5.0は、「人口減少、少子高齢化、エネルギー・環境制約など」の社会諸課題を解決し、いっそうの経済発展と両立させる未来社会だとされた。とりわけ少子高齢化への危機感が強い。ただし、それらの諸課題の原因についてはほとんど何も述べていない。なぜ少子化が進むのか、なぜ高齢化が課題なのか。くり返すなら、それらの生活をめぐる諸課題は、久しく続く新自由主義政策が引き起こした生活世界の物質的再生産の危機に起因し、その危機が生活世界の対話的再生産の危機にまで及び、その結果として生じたシステム危機なのである。本書第4章では、とくに若者の学校から社会への移行過程の経験に焦点を合わせて、若者た

ちの間に広がる分断と危機の様相を論じた。ところがSociety 5.0の構想は、生活世界のそうした再生産危機に由来する諸課題を、人とモノの世界を一体化する経済社会システム、科学技術・イノベーションによって解決可能だとするのである。もしそれがほんとうに可能であるとするなら、Society 5.0は、人びとの生活世界の物質的な再生産についてばかりでなく、コミュニケーションの行為に基づく対話的再生産についても、国家のテクノクラシーによって全面的に管理すること（一次元的な社会）になりかねないであろう。「データ駆動型社会」を自称し、「IoTで全ての人とモノをつなぐ」というSociety 5.0の未来社会は、そうした未来構想を隠しもつ疑いがある。

このようなSociety 5.0の未来構想に対して、もう一度、批判理論のコミュニケーション論的転回を追究したハーバーマスのかつての言葉を引いて、生活世界をシステムに吸収しようとする政策の誤りを確認しておこう。「飢餓と労苦からの解放は、隷属と屈従からの解放とはかならずしも一致するわけではない」からであり、「コミュニケーションの行為によってのみ達成されうる、根元的な社会的諸機能がある」からである。もし仮にSociety 5.0が実現し、世界をリードする経済成長と便利な生活が日本にもたらされたとしても、それによって人びとの幸福が広がるとはかぎらない。第1章でふれたように、そこに待ち受けているのは「幸福の罠」であり、所得の増加は必ずしも幸福（生活満足度）の増加につながらないという、「イースターリンのパラドックス」の問題なのである。もっとも学者たちの難しい議論をもちだすまでもなく、一定の生活水準に達すればそれ以上の所得の上昇や生活の利便性が必ずしも幸福の増大を約束するものでないことは、多くの人びとの素朴な実感であり、私たちがおのずと「経験」から学んできたことでもあろう。それこそが現代における幸福および幸福研究への関心の高まりの背景であり、デンマーク人のヒュッゲな暮らしぶりがブームになった理由なのである。ハーバーマスであれば、その幸福な暮らしぶりに、「コミュニケーションの行為によってのみ達成されうる、根元的な社会的諸機能」が豊かに保障された生活世界を見いだすであろう。

さて、本書で論じてきたのは、そうしたデンマーク人の幸福がデンマーク人特有の国民性などではなく、F・フクヤマの議論を参照したように、デンマークにおける民主主義と政治制度の結果であったということであった。なかでも、同時期の日本の若者を襲った窮状と対比して注目したのは、デンマークにおいて一九九〇年代から展開された、若者の移行過程を焦点とする労働市場政策と生涯学習政策であった。その政策が、二〇〇〇年代にはデンマーク型フレキシキュリティと呼ばれ、EUレベルにおける「福祉国家の現代化」のモデルとなり、さらに二〇〇八年の世界金融危機（リーマン・ショック）以降には、新自由主義政策を超える社会的投資福祉国家のモデルとして、あらためて注目されたのである。

第1章第3節で述べたように、二〇一三年には、欧州委員会が「成長と結束のための社会的投資に向けて」という政策提言を行っている。そこでは、金融危機後のリスクの拡大によって、「全体としての社会」（「システム」と読み替えよう）が失業と貧困、社会的排除という社会経済的コストを生んでいるとし、これに対して社会政策の現代化を進め、「人的資本に投資すること」が求められた。そのことが「生産性とイノベーションの基礎」をすえることであるとし、「教育から雇用／失業へ、そして病気や高齢期まで、人生のさまざまなステージにおいて社会政策が果たす役割」が強調されたのである（European Commission, 2013, p.3）。もっぱら科学技術・イノベーションによって「すぐそこの未来」が開かれるというSociety 5.0の構想とは異なり、そこでは、新自由主義政策によってもたらされた生活世界の再生産危機を前にして、新自由主義政策からのパラダイム転換を目指す、もう一つの未来構想が提示されたのである。目指されるのは、生活世界の物質的再生産および対話的再生産の危機を克服し、生活世界の根元的な社会的機能を豊かに回復するために、生活世界への「社会的投資」を充実させること、いいかえれば、科学技術から生まれるイノベーションではなく、生活世界から始まるイノベーションである。

　ところで、幼児教育や高等教育の「無償化」など、安倍政権が公言した「人づくり革命」も「人への投資」であり、ここでいう社会的投資と無関係ではない。いかなるシステムも生活世界の再生産危機を放置しては存続しえないからであり、それらの政策は、日本における格差と貧困の拡大、生活世界の危機の深刻化を示すものである。とはいえ、そこでの投資が、「生産性革命」をもう一方の柱とする成長戦略であり、イノベーション・エコシステムと名づけられた、もっぱら科学技術・イノベーションのための「人づくり」であることも、すでに明白であろう。第六次基本計画では、Society 5.0の実現に向けて、「総合知による社会変革」と「知・人への投資」との「好循環」を謳い、「世界に新たな価値を生み出す人材の輩出と、それを実現する教育・人材育成システムの実現が求められる」とされた（閣議決定、二〇二一）。「世界の優秀な人材と未来への投資」（傍点は豊泉）という表現さえ見られる。残念ながら、同基本計画における「知・人への投資」は、Society 5.0というシステムを実現するための道具であり、手段であって、計画にちりばめられた「一人ひとりの多様な幸せ」を目指すものではない。

成長戦略としての「人づくり」に対して、ここで求められる「社会的投資」は、格差を縮小するとともに人びとの信頼を強化し、コミュニケーションの行為による生活世界の対話的再生産という根元的な社会的機能の回復に焦点を合わせる投資でなければならない。生活世界の社会的諸機能が基盤になければ、科学技術・イノベーションは格差や貧困、社会的排除を拡大することはあっても、幸福（well-being）の増大にはつながらないからである。ルンヴァルの「学習経済」の議論をもう一度想起したい。社会的投資を提唱する中心的な理論家の一人であるルンヴァルは、「知識基盤型経済」に対して「学習経済」という概念を対置して、社会的投資の意義をいっそう踏み込んで説明していた。一般に知識基盤型経済においては、「R＆D」（研究開発 Research & Development）への投資が経済成長の鍵だとされるが、学習経済においては学習弱者への社会的投資を進めることがより重要であり、そのことが社会の二極化を回避し、経済成長を促進する鍵になるというのである。ルンヴァルはパットナムの社会関係資本の概念を援用して、学習経済の社会的投資によって、「階級と家族の境界を横断する交流と相互的な学習の過程において、市民たちが進んでお互いに深く関わり合い、協力し合い、信頼し合おうとする意欲と能力」が育まれるとしていた（Lundvall et al. 2012, p.251）。

社会的投資を提唱する議論では、格差のもっとも小さい、もっともイノベイティブな国々として、しばしば北欧諸国がモデルとして言及される。ルンヴァルによれば、北欧諸国ではデンマークを筆頭に、社会的投資によって育まれる「社会関係資本と信頼」が、「イノベーションと産業のダイナミズム」の根本的な資源になっているからである。第3章で見たデンマーク型フレキシキュリティ政策や移行的労働市場、生涯学習社会への挑戦は、新自由主義・グローバル化との緊張関係のなかで、そうした社会的投資福祉国家のあり方を切り開くものでもあったのである。

社会的投資福祉国家〈デンマーク〉の理念

最後に、ＯＥＣＤの統計から三つのデータを引いて、日本の対極に位置するデンマーク社会の「現在」を確認するとともに、そこに見られる社会的投資福祉国家〈デンマーク〉の理念を本書の議論に即してふり返り、本書の結論としたいと思う。

まず、図表18を見よう。二〇一七年におけるＯＥＣＤ諸国の「家族」に関わる公的社会支出の対ＧＤＰ比を順に並べたものである。デンマークはスウェーデンと並んで三・四%でもっとも高く、日本は一・六%で、三九か国中、下から一〇番目の低さである。では、「公的社会支出」とは何か。この統計において「家族」に関わる公的社会支出とは、「子ども手当、育児支援、出産・育児休暇中の所得支援、ひとり親家庭への給付金」などであり、主に子どもをもつ家族を支援する「公的」な支出である。それらは、生命の再生産という家族の根元的な機能を保護するための経済的基盤の保障、つまり本章で述べた生活世界の物質的再生産の保障という「社会的目的」をもち、そのための所得の「再配分」をともなう「社会的」な支出なのである（OECD, 2019, p.3）。その総額がＧＤＰに占める割合は、いいかえれば、国民の経済活動によって生み出された富（「国富」）のうち、どれほどの割合が、国民の生活世界の物質的再生産を保障し生命の再生産を保障するために、公的かつ

図表18　公的社会支出（家族）のGDP比（%）2017年

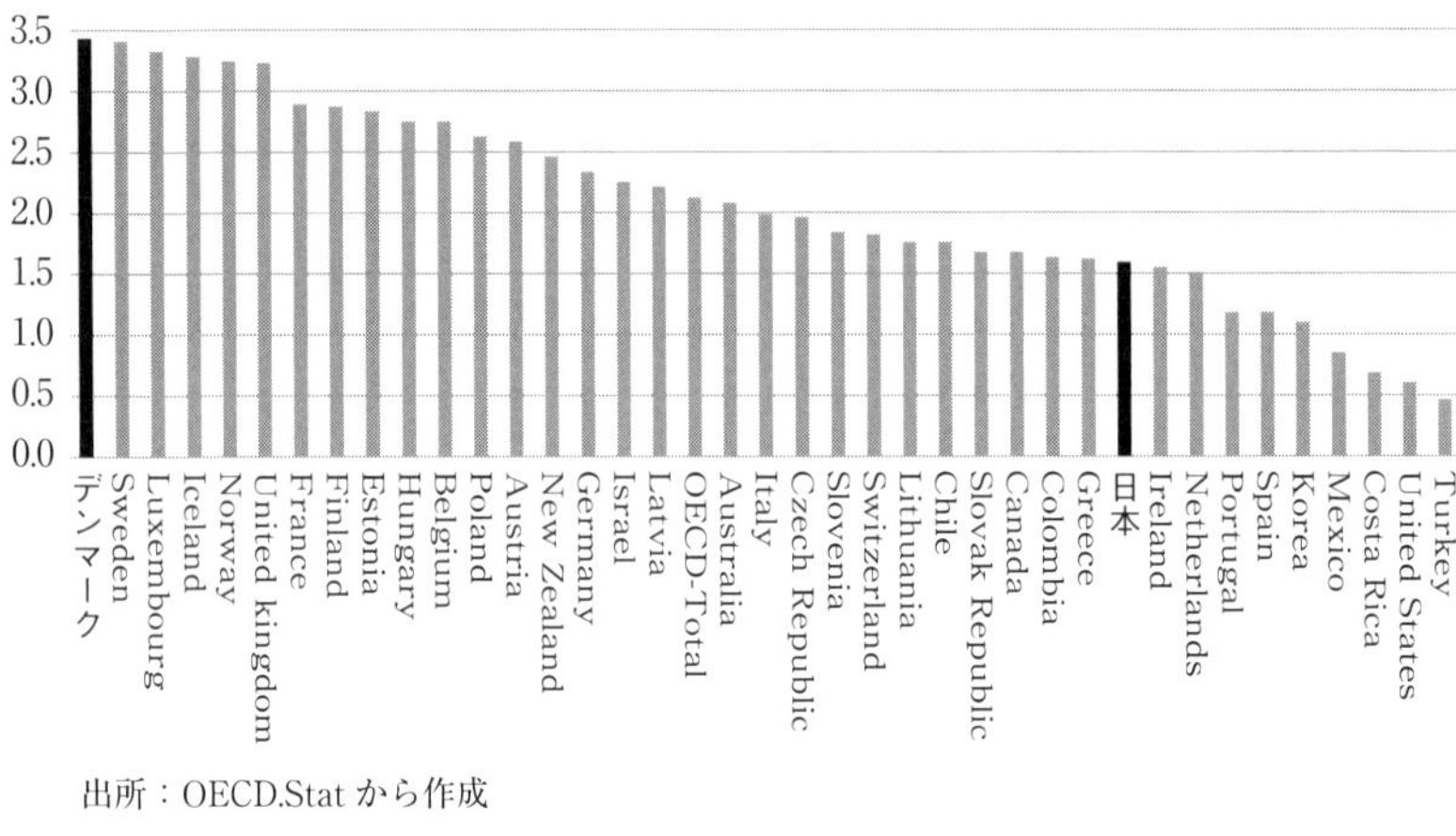

出所：OECD.Stat から作成

社会的に再配分されているか、を意味する。

データをさかのぼると、デンマークは一九八〇年の時点ですでに二・七%に達していたが、その後の二〇年間でさらに増加させ、一九九〇年に三・二%、二〇〇〇年には三・四%に達している。「ケインズ主義の時代」が「新自由主義の時代」へとパラダイム転換したこの時期に、デンマークではアクティベーション政策による福祉国家の「現代化」が図られたが、それが福祉を切り詰める新自由主義政策とは異なるものであったことを、本書では強調した。福祉国家の「現代化」は、性別分業型の伝統的家族からの転換を含み、家族の生活世界とその再生産機能の保護を新たに必要とするからである。デンマークにおける「家族」に関わる公的社会的支出のこうした増加は、財政上の動向からも、あらためてその点を浮き彫りにするものといってよいであろう。

一方、日本の場合は、一九八〇年の時点で〇・

五％であり、一九九〇年には〇・三％、二〇〇〇年に〇・五％と、「家族」への公的社会支出はゼロに近い水準で推移し、二〇一〇年にようやく一・一％に上昇する。社会支出を「無駄なコスト、経済成長を阻害するもの」とする新自由主義政策を忠実に反映して、一九八〇年代にけゼロに近い水準がさらに削減された。そして一九九〇年代には、それまで日本の家族の生活世界を保護してきたはずの伝統的モデル（日本的経営、「全部雇用」）が放棄されたのにもかかわらず、その低い水準は変わらなかった。その結果、もっぱら私的支出だけを頼りとすることになった日本の家族の生活世界は、とりわけ恵まれない境遇の階層において、しばしば経済的（物質的）な、あるいは文化的（対話的）な再生産の危機に直面し、格差や貧困の拡大にさらされ、分断と排除のリスクを抱え込んだのである。近年のささやかな公的社会的支出の上昇は、こうして噴出した家族の生活世界の危機に対する遅ればせながらの対応だったのである。

次の図表19は、積極的労働市場政策（ＡＬＭプログラム）のための公的社会支出の対ＧＤＰ比である。デンマークが二・〇％で突出して高く、日本は〇・一％で最低ランクに並ぶ。この統計において「積極的労働市場政策」に含まれるのは、「職業紹介サービス、職業訓練、若者や失業者への雇用促進プログラム、障害者のための特別雇用プログラム、直接的な雇用創出、就業奨励」など、教育制度以外の、就業のための、あるいは就業能力の改善のための諸政策である。それら諸政策の総額がＧＤＰに占める割合は、同じ言い方をくり返せば、国民の経済活動によって生み出された富のどれほどの割合が、国民の雇用を保障するために公的かつ社会的に再配分されているか、である。デンマークの過去のデータを見ると、一九九〇年は〇・七％、二〇〇〇年に一・八％、二〇一

図表19　公的社会支出（ALM プログラム）の GDP 比（%） 2017年

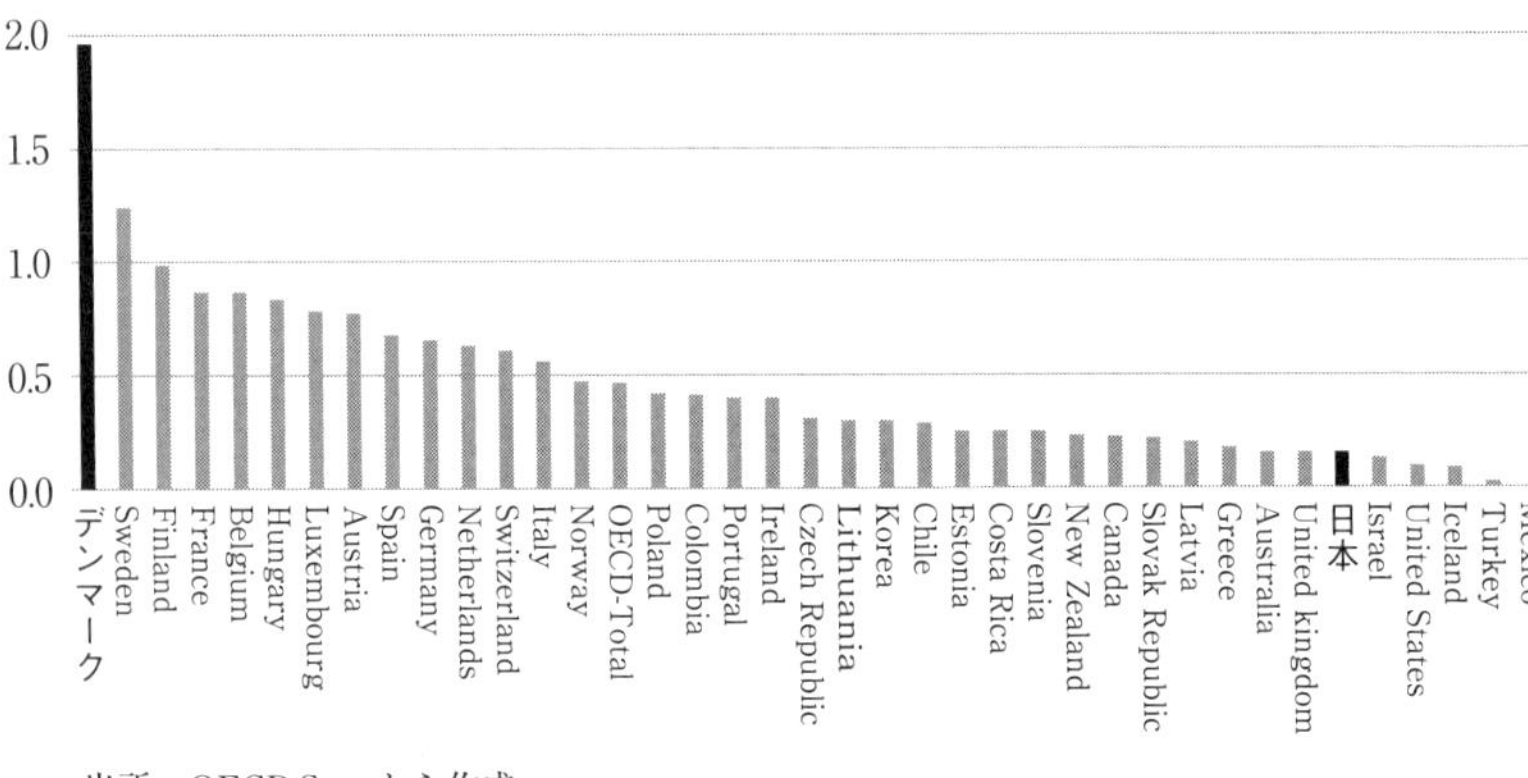

出所：OECD.Stat から作成

○年に二・○%と推移しており、本書で述べたように、一九九○年代のアクティベーション政策の展開とともに、積極的労働市場政策への公的社会的支出が急増したことがわかる。

一方、日本の場合は一九九○年に○・三%、二○○○年、二○一○年も○・三%で、その後○・一%に下がった。本書で述べた戦後型青年期の「間断のない移行」の時代は、多くの男性正社員にとって、ＯＪＴ（On the Job Training）による企業内教育訓練の時代でもあったが、戦後型青年期の解体・再編は、「間断のない移行」の終わりであるとともに、企業内教育訓練の時代の終わりでもあった。ところが、その後も公的な就業支援や職業訓練の制度が整備されることはなく、結果的に、就業（仕事への「移行」）も、そのための教育訓練もほぼ全面的に家族と家計（私的支出）に、つまり「自己責任」に任されたのである。本書では、一九九○年代以降のこの時代に学校から社会への移行を模索した若者たちの「危機的な移行の経験」に注目して、この「自己責任」化が「分断する社会」を生み、「分断された人生」を生み出したことを述べた。

本書第3章で述べたように、デンマークでは、一九九〇年代のアクティベーション政策が二〇〇〇年代に入ってデンマーク型フレキシキュリティとして注目されるようになったとき、研究者の関心は、デンマーク型フレキシキュリティと新自由主義型のワークフェアとの相違に向けられた。デンマーク型の要点は、労働市場のフレキシビリティは「移行がペイする」労働市場（「移行的労働市場」）の形成と不可分だという点であった。ALMプログラムは、そのための公的な諸政策であり、「移行をペイするものにする」という「社会的目的」をもち、「再配分」をともなう「社会的」な支出（社会的投資）だったのである。

デンマーク型フレキシキュリティを、こうして「移行」を公的社会的に支援し、「翼の保障」を目指す「ラーンフェア」としてとらえ返すとき、成人教育・継続教育を含むデンマークの生涯教育が不可分の制度であることも明らかになる。図表20は、高等教育費（短期大学以上）に占める公的支出の割合を順に並べたものである。デンマークが九九％でもっとも多く、日本は三一％でイギリスの二九％に次ぐ低さである。公的支出以外の費用は家計または他の私的機関による私的支出であり、デンマークの場合は、残りの一％は私的機関による支出であり、家計支出は〇％である。日本の場合は家計支出が五三％、他の機関が一六％で、家計支出の割合はチリの五九％に次ぐ高さである。日本はOECD三七か国のなかで高等教育への公的支出の割合がもっとも小さく、家計支出の割合がもっとも大きい国の一つなのである。初等・中等教育費はいずれの国においても公的支出が

図表20　高等教育への公的支出の割合（%）2017年

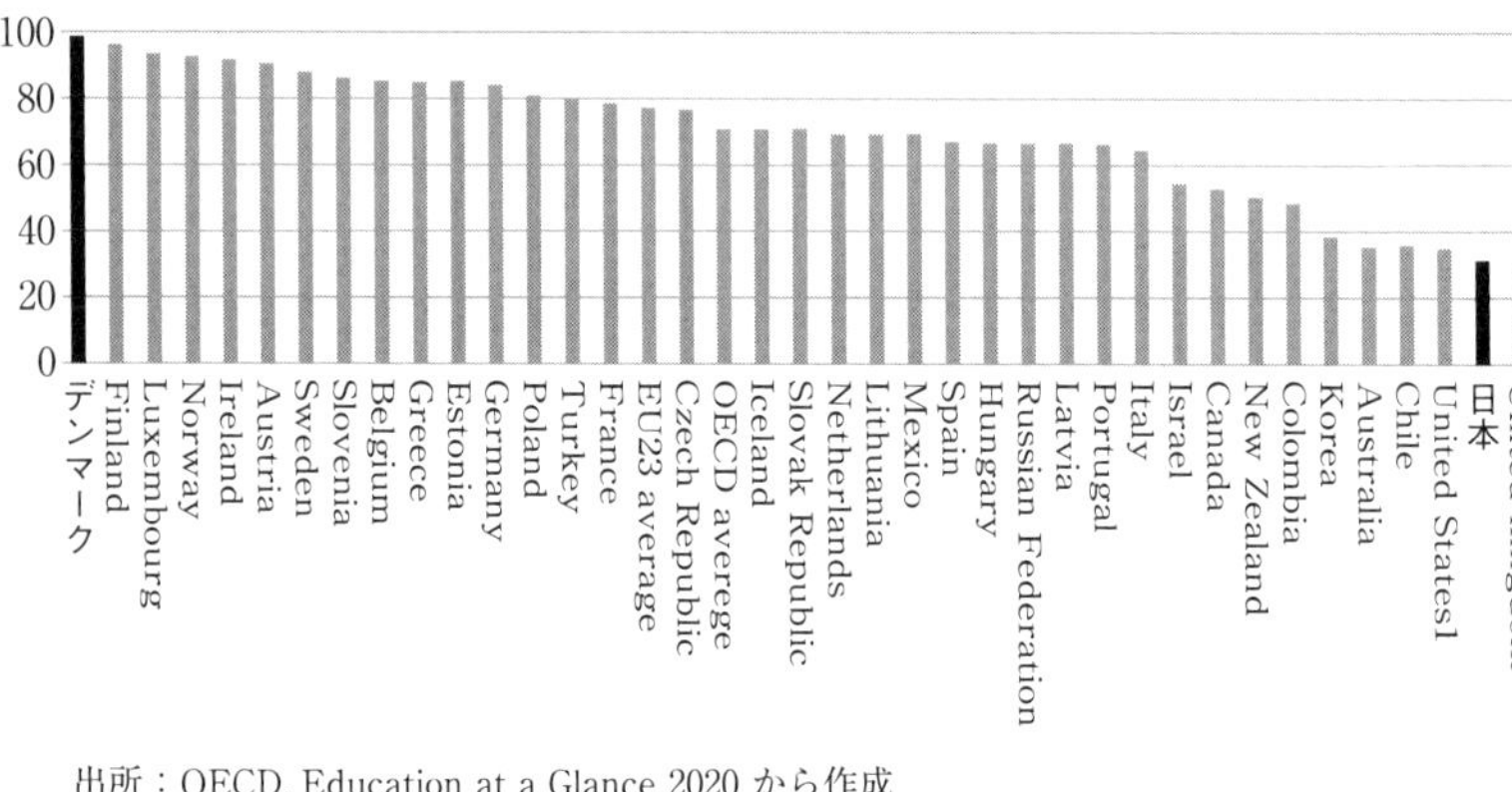

出所：OECD, Education at a Glance 2020 から作成

大部分を占める。ところが、高等教育費についての差は大きく、その差が各国における教育と社会の「しくみ」、人びとの意識の違いにつながっているのである。

本書第4章で吉川の調査を参照したように、今の日本では大卒／非大卒の区分が「分断社会」の基軸となるが、それにもかかわらず、大学進学が家庭の経済力に大きく左右されることを「やむをえない」とする人びとの割合は、むしろ増加傾向にある（ベネッセ総合教育研究所、二〇一八）。だが、それは「やむをえない」ことではなく、政治と政策の問題であることを、ここで挙げた三つの統計データは歴然と示しているといえるであろう。第一に、家族の生活世界の保護、とりわけ出産育児期の家族の生活世界の物質的再生産を公的に、社会的な再配分によって保障すること、第二に、家族と学校から社会（就業）への移行そして就業後の教育訓練も含めて、多様な移行過程を可能とする公的社会的な制度を充実させること、第三に、生涯にわたる移行の可能性を保障する公的な、家計負担に依存しない生涯学習（普通教育、成人教育・継続教育）の制度を充実させること。これらの諸政策を欠くとき、現代の社会において「分断」は社会の「しくみ」となり、「身分」のように「やむをえない」ことになるのである。

デンマークにおいても、政権交代とともにフレキシキュリティ政策が「振り子」のように揺れ動いたことを述べたが、一九九〇年代以降の時期を全体として見れば、本書で検討した「移行的労働市場」あるいは「ラーンフェア」の実現に向かって、政治と政策の展開が図られてきたことがわかる。労働市場が「フレキシブル」であり、「移行的」であるとは、たんに転職が容易であるとか、解雇が容易であるということではなく、「移行がペイするもの」として、堅牢な「社会的橋」によって保障されることであった。この橋によって、家庭および教育と労働市場とが、さらに失業や転退職などその後の人生の行程とが縦横に架橋され、移行の自由（ケイパビリティ）が保障される。そのことによって目指されるのは、出身家庭の貧富や性別の違い、あるいは学歴やその他の経歴の差が「身分」のように人びとを分断することのない、「可能性への平等」が保障される社会であり、「社会的な橋」を渡って自分自身の人生を選択し、主体的に生きることのできる「積極的自由」の保障なのである。

本書における歴史的な、また理論的な検討の結果からいえば、一九九〇年代のアクティベーション以降の政治と政策によって到達したデンマークの「現在」からは、社会的投資福祉国家〈デンマーク〉のそうした理念が見えてくる。もとよりそれは「理念」であって、現実そのものではない。だが、その理念がデンマーク人の生活とかけ離れた理想ではなく、かなりのレベルで実際の生活のなかで生きられていることは、「最良の生活」に照らして現時点の生活を自己評価するデンマーク人の「幸福度 well-being」が「世界一」といわれるほど高いことからもわかる。「最小の格差と最大の信頼」、そして「自分の人生を選択する自由」、それらが「幸福」の鍵であった。本書第1章の冒頭でふれたように、デンマークに移り住んで「世界一」の幸福な暮らしを体験したイギリス人ジャーナリストが、デンマーク人の幸福な生活のコツを紹介して、まっ先に「信頼する（もっと信頼する）」ことを挙げていたことを想起したい。ここでは「信頼」もまた、社会的投資政策によって現代化された福祉国家の地に育まれた、幸福の資源であったことを強調しておきたいと思う。

同じく第1章では、かつて内村鑑三が植林政策による小国デンマークの復興に瞠目し、イギリスを範として大国主義に向かう当時の日本の風潮に対して、デンマークの小国主義の教訓を伝えたことを紹介した。内村の教訓は、今また省みられるべきではないだろうか。Society 5.0を掲げる日本政府の未来構想には、アメリカに追随する大国主義の発想の下で、科学技術・イノベーションに国を挙げて取り組むべきとする姿勢が随所に現れている。上記の三つのデータを見れば明らかなように、日本の諸政策の低い水準はさらに下位のアメリカに追随するものともいえる。その大国アメリカが「貧困大国」であり「格差大国」であることは、いまや周知のことであろう。かつてのデンマークの「植林」という内なる開発の取り組みは、今なら家族の生活世界の保護から始まる「人への投資」、社会的投資による「積極的自由の保障」にあたるのではないだろうか。〈デンマーク〉の理念に学ぶなら、「すぐそこの未来」が幸福な未来となるためには、社会的投資によって豊かな生活世界と積極的自由を保障する、社会のイノベーションが必要なのである。

［引用文献］

European Commission（2013）, Towards Social Investment for Growth and Cohesion - including implementing the European Social Fund 2014-2020.

Habermas, J.（1968）, *Technik und Wissenschaft als Ideologie*, Suhrkamp（『イデオロギーとしての技術と科学』長谷川　浩訳、紀伊國屋書店、一九七〇年）

――――（1981）, *Theorie des kommunikativen Handelns*, Bd 2, Suhrkamp（『コミュニケーション的行為の理論』㈦、丸山高司ほか訳、未来社、一九八七年）

――――（1985a）, *Der philosophische Diskurs der Moderne*, Suhrkamp（『近代の哲学的ディスクルス』三島憲一ほか訳、岩波書店、一九九〇年）

――――（1985b）, *Die Neue Unübersichtlichkeit*, Suhrkamp（『新たなる不透明性』藤澤賢一郎ほか訳、松籟社、一九九五年）

――――（1991）, *Vergangenheit als Zukunft*, Zürich（『未来としての過去』川上倫逸ほか訳、未来社、一九九二年）

Lundvall, B.-Å and Lorenz, E.（2012）, 'Social investment in the globalising learning economy：a European perspective', in Nathalie Morel et al.（ed.）, *Towards a Social Investment Welfare State*, Bristol.

Marcuse, H.（1964）, *One-Dimentional Man*, Routledge, 2002（『一次元的人間――先進産業社会におけるイデオロギーの研究』生松敬三・三沢謙一訳、河出書房新社、一九八〇年）

OECD（2019）, The OECD SOCX Manual 2019 Edition, https://www.oecd.org/social/soc/SOCX_

Manuel_2019.pdf
閣議決定（二〇一七）、「未来投資戦略　２０１７――Society 5.0の実現に向けた改革」
――（二〇一八）、「未来投資戦略　２０１８――『Society 5.0』『データ駆動型社会』への変革」
――（二〇一九）、「統合イノベーション戦略　２０１９」
――（二〇二一）、「科学技術・イノベーション基本計画」
豊泉周治（二〇一九）、「社会的投資国家とは何か――デンマーク・モデルの現在」、『群馬大学教育学部紀要
人文・社会科学編』第六八巻
日本学術会議（二〇一五）、「第５期科学技術基本計画のあり方に関する提言」
ベネッセ総合教育研究所（二〇一八）、「学校教育に対する保護者の意識調査　２０１８」ダイジェスト

あとがき

「先生、社会学って人を幸せにするためにあるんですよね。」

二〇数年前、群馬大学教育学部に着任して間もない頃、私のゼミに所属することになったひとりの学生から、こんな言葉を投げかけられたことがある。一瞬、言葉に詰まった私は、一呼吸おいて、「そうですね。私もささやかながらそんな努力をしているつもりです」、と応えた記憶がある。学生が高校時代の恩師から聞いたというその言葉は、実はそのとき、私にとってもとても新鮮な言葉であった。ヘーゲルやマルクス、そしてマックス・ウェーバーを思想的背景として、ハーバーマスやアーレントの社会理論や政治理論を学んできた私にとって、問題はいつも「不平」をめぐっていたからである。もとより、それらはいずれも「解放」や「革命」を目指すものではあったが、そこに「幸福」のイメージは容易には結びつかなかった。私の研究生活において、「幸福のための社会学」という本書のテーマは、おそらくそのときに胚胎した。

その後も私の主な研究は、ハーバーマスやアーレントを手がかりとして若者の「生きづらさ」や社会の「病理」を追究するものであったが、二〇〇〇年代になると、新たに二つの問題に出会った。本書で述べたように、一つは、一九九〇年代の日本社会の構造的変化によってまっ先に「暗い時代」に投げ出されたにもかかわらず、現在の生活に「満足」という幸福な若者たちが顕著に増加したことであり、この不可解とも思える日本の若者の経験をどのように理解することができるか、であった。そして、もう一つは、この同じ時代に「幸福の国」としての名声を高めたデンマークとの出会いであり、それを可能としたデンマークの政治と社会づくりを追究すること、であった。

デンマークとの出会いについて一言ふれておこう。きっかけは、同世代の思想史研究者であり畏友でもある小池直人（前名古屋大学）から、『デンマークを探る』（風媒社、一九九九年）という、一年間のデンマーク留学後の随想録が贈られてきたことだ。本書で紹介した『幸せってなんだっけ？』というラッセルの本が世界的にヒュッゲ・ブームを巻き起こしたように、私は小池の小著に描かれたデンマークという「仕合わせ」（小池は好んでこの表記を使う）の国に魅了され、デンマークの社会づくりを研究したいと思った。小池がその後に深めたデンマーク社会についての貴重な思想史的研究の成果は、『デンマーク――共同社会の歴史と思想』（大月書店、二〇一七年）としてまとめられた。一方、私の方も幸いにして二〇〇五年から継続的に科研費の採択に恵まれ、短期間ながら毎年のようにデンマークを訪問し、私なりのデンマーク社会研究を続けることができた。本書で取りあげたデンマーク人の研究者の多くは、各大学の研究室で要領を得ない私の質問に丁寧に答えてくれた研究者たちでもある。

こうして日本の若者の不可解とも思える「幸福」と、「世界一」とも形容されるデンマーク人の「幸福」との間に立って、二〇〇〇年代半ば以降、「幸福のための社会学」に向けた私の研究が緒に就いたことになる。前著の『若者のための社会学』（はるか書房、二〇一〇年）は、副題のとおり「希望の足場をかける」ための初発の問題提起であった。それから一〇年。本書の基になったこの間の論考を章の順に挙げると、左記のとおりである。自分の遅々とした研究の歩みに呆れるばかりだが、この一〇年はまた、世界金融危機後の混乱と分断、東日本大震災の惨禍、そして目下の新型コロナ・パンデミックによる窮状のなかで、人びとの「幸福」への願いと問いが社会科学の最重要課題として浮上した一〇年でもあった。

〈本書に関連する過去の論考〉

一、「社会的投資国家とは何か――デンマーク・モデルの現在」(『群馬大学教育学部紀要 人文・社会科学編』第六八巻、二〇一九年)

二、「コンサマトリー化と民主主義の再創造」(唯物論研究協会『唯物論研究年誌』第二一号、二〇一六年)

三、「移行的労働市場の概念について(1)――G・シュミットの所説をめぐって」(『群馬大学教育学部紀要 人文・社会科学編』第六〇巻、二〇一一年)

「フレキシキュリティから移行的労働市場へ――移行的労働市場の概念について(2)」(『群馬大学教育学部紀要 人文・社会科学編』第六四巻、二〇一五年)

「デンマークの成人教育――後期中等教育の保障をめぐって」(『群馬大学教育学部紀要 人文・社会科学編』第六七巻、二〇一八年)

四、「変容する青年期とアイデンティティ」(豊泉周治ほか『〈私〉をひらく社会学』第八章三節、大月書店、二〇一四年)

五、「イデオロギーとしての科学技術イノベーション」(東京唯物論研究会『唯物論』第九三号、二〇一九年)

本書の執筆にあたって各論考を再検討、再編集し、大幅な補加筆、新たな書き下ろしを加えて、本書が成った。この時代を生きぬく人びとの「幸福」への願いと問い、そしてかつて学生から投げかけられたように、それに正面から取り組むべき社会学の課題に、ささやかでも本書が応えるものであることを、著者としては願うばかりである。

私事になるが、この三月末をもって群馬大学を定年退職した。前任の富山大学と合わせて三五年間に及ぶ大学勤務であった。社会学の主流のアカデミズムにはほとんど縁がなかったが、なんとか今日まで研究活動を続けることができたのは、唯物論研究協会という哲学思想系の小さな研究団体に所属し、そこで優れた先輩や同輩・後輩の研究者たちに出会えた「仕合わせ」の結果である。哲学思想系の学問はだれよりも虐げられた人びとのために、弱い立場の人びとのためにあることを、そこで学んだ。『幸福のための社会学』は、私なりのそうした学びの成果でもある。前著に続いてこの本の刊行を快諾し、刊行まで力を尽くしてくれた、はるか書房の小倉修さんに心からお礼を申し上げたい。

二〇二一年六月

豊泉周治

〈付記〉　本研究はＪＳＰ科研費 JP15K04344、JP 20K02582 の助成を受けて行われた。

著者紹介

豊泉周治（とよいずみ しゅうじ）

1955年生まれ。一橋大学社会学部卒業、同大学院博士課程単位取得。富山大学教養部助教授を経て、群馬大学教育学部教授（2021年3月まで）。現在、群馬大学名誉教授。社会学・社会哲学専攻。

著書　『アイデンティティの社会理論』（青木書店、1998年）、『ハーバーマスの社会理論』（世界思想社、2000年）、『アーレントとマルクス』（共著、大月書店、2003年）、『生きる意味と生活を問い直す――非暴力を生きる哲学』（共編著、青木書店、2009年）、『若者のための社会学――希望の足場をかける』（はるか書房、2010年）、『〈私〉をひらく社会学――若者のための社会学入門』（共編著、大月書店、2014年）、他

幸福のための社会学――日本とデンマークの間

二〇二一年七月三〇日　第一版第一刷発行

著　者　豊泉周治

発行人　小倉　修

発行元　はるか書房

東京都千代田区神田三崎町二―一九―八　杉山ビル

TEL〇三―三二六四―六八九八

FAX〇三―三二六四―六九九二

発売元　星雲社（共同出版社・流通責任出版社）

東京都文京区水道一―三―三〇

TEL〇三―三八六八―三二七五

装幀者　丸小野共生

製　作　シナノパブリッシングプレス

定価はカバーに表示してあります

落丁・乱丁本はお取り替えいたします

ISBN978-4-434-29264-4　C3036